超速習法即戰力

頭がよくなる魔法の速習法

啟動快速閱讀，深植長期記憶

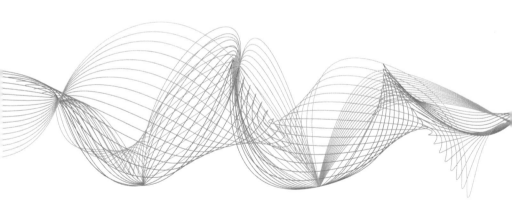

影像閱讀法日本最強導師 **園 善博**◎著 卓惠娟◎譯

※本書原名《改變人生的超・速習法》，經修訂並更名為《超速習法即戰力》

首先，請聽聽他們實踐「速習法」的心聲

有別於坊間的速讀，速習法能有效地應用於商務！

栗原邦夫

學習「速習法」之後最令我感到驚訝的就是它和目前所有的速讀方式完全不同。

「速習法」並不是僅僅教你如何快速地閱讀一本書，也能從中了解如何擬定學習策略，因此除了提升學習效率外，更能夠十分順暢地持續學習。並且，透過速習法的技巧，可以應用在閱讀以外的學習，成為解決課題的重要工具，所以也能在商務上發揮極大的功用。

運用「速習法」年閱讀量達一八〇本（以前約六〇本）

學習意願大增，改變了我的人生

浪波仁

以前我對於閱讀這件事始終是敬而遠之，但是學了「速習法」之後，不僅「學習意願」大增，更能感受到「吸收知識的喜悅」。現在看書對我來說，已經成了一件非常快樂的事。如果能夠大量閱讀，就能激發前所未有的思考及人生的啟示。我認為「速習法」是改變人生的工具，只要熟練「速習法」，人生就可以往更好的方向前進，讓我對未來更充滿了期待。

運用「速習法」年閱讀量達六〇本（以前約五本）

TOEIC考試增加了一五〇分

山口普一

因為工作上的需要，我必須在短期內提升TOEIC（多益）的分數，於是，我抱著「或許能有效提高分數」的期待，於是參加了速習法講座。結果三個月後，我的TOEIC總分竟然提高了一五〇分！現在我的工作領域不僅擴大了，更被委任開發新客戶的工作，以及擔任會議的通譯或資料翻譯的工作。

雖然一般人容易誤解，以為「書就是要從頭讀到尾」，但是我確信「速習法」一定能夠打破這個成見。

運用「速習法」年閱讀量達一五〇本（以前約三〇本）

和任何人都能擁有侃侃而談的自信

林貴士

實踐了「速習法」後，等於串聯了許多事物（知識）。我和別人交談時，難以置信的是許多事情都和書上的內容有關。我經常在談話過程中，想起「不久前在書上看過這樣的內容」，於是便能夠在談話中加以引用，所以現在我和任何人都能自信滿滿地侃侃而談。

運用「速習法」年閱讀量達一二〇本（以前約二〇本）

記憶力有效增強了

向井公規

學習「速習法」之後，最大的收穫就是把「讀書」轉化為「把書讀通、讀懂」。另外，因為「先設定目標再閱讀」，所以並不是追逐文字表面，而是做到「一邊讀書一邊思考」。由於勤做筆記，所以不只是讀得多，記憶力也大增，更是一大斬獲。

運用「速習法」年閱讀量達三〇〇本（以前約五〇本）

科學的．邏輯的容易理解

柊谷龍哉

關於「快速閱讀並非速習法的目的」這一點，我覺得有夠讚。雖然「手段變成了目的」，本末倒置的情況比比皆是，但是「只要實際試試看，就會發現這個方法合情合理」，真的很棒。而且，它以科學、邏輯的方式做說明，所以我認為在學學生也很容易理解。

運用「速習法」年閱讀量達一〇〇本（以前約三十五本）

安部禪子

大量閱讀，增廣見識

「擴展自己的世界」、「熟記一般常識」、「滿足工作以外的知識欲」是我常有的想法。不過因為工作忙碌，總是沒有空閒，所以我決定學「速習法」。閱讀大量書籍，知識會隨著增加，不但可以跳脫傳統思考的框架，看待事物的角度也變得更多元了。

運用「速習法」年閱讀量達二〇〇本（以前約二〇本）

Y・S

能夠分辨什麼書是必要的

之前我所學的「速讀法」，都是「速讀成功者的方法論」。不過「速習法」卻清楚說明「為什麼要這麼做」的原因所以很有說服力。而且，因為這是園善博老師他克服了自身閱讀障礙的方法，所以對於過去曾經學習速讀而失敗的人，應該能產生比較理想的效果。

閱讀時重要的不是記錄「看了幾本」、「花了幾分鐘」，而是了解書的內容，並能實際加以運用。我因為運用了「速習法」而大大增加了閱讀量；但更大的收穫是「能夠分辨什麼書是必要的」、「能夠牢記讀過的內容」、能「因應讀書的目的而調整速度」等，能有更深入的閱讀。

運用「速習法」年閱讀量達一二〇本（以前約五〇本）

資訊處理更快速，改變我的人生！

金島弘樹

「速習法」和一般的速讀相較之下，它的方法程序簡明且易懂。由於速習法是根據大腦記憶結構的原理，搭配富有邏輯及策略性的技巧，因此實行起來能夠很愉快，也能清楚地察覺到自己的成長，是一種能讓自己更有自信的方法。

透過速習法，我掃除了阻礙我前進的絆腳石，也確實地改變了自己的人生。

運用「速習法」年閱讀量達二四〇本（以前約二十四本）

能夠探究更深度的知識

Y・I

因為想更深刻地體會學習「速習法」之後的改變，我參加了和工作有關而且自己也感興趣的「侍酒師檢定考試」，結果通過了！由於「速習法」是以腦科學為理論依據的學習方法，所以不僅讓我增加了對紅酒的認識，對於紅酒的專業知識也有更深入的探究。品嚐紅酒時更不用說，當然變得更美味了。

運用「速習法」年閱讀量達一二〇本（以前約十二本）

輕而易舉地通過正式會計師（CPA）檢定

谷澤正憲

因為公司要求必須取得多種證照，不可思議地，我只運用了速習講座所學的簡易竅門，就輕易地通過了考試。

運用「速習法」年閱讀量達一四〇本（以前約三十六本）

下一位成功人士就是你！

前言

◎獻給你，奠基於腦科學與認知心理學的「最強學習法」！

首先感謝你閱讀本書。我想你一定抱著以下的夢想：

・希望吸收有用的商業訊息，讓工作產生「爆發性」的成功。

・想要在準備考試時，能夠不浪費時間，以更輕鬆、有效率的方式產生預期成果。

・想成為無所不知，知識、常識兼具的「萬事通」。

對於這樣的你，能夠獻上最強的學習法＝「速習法」，我由衷地感到十分喜悅。

◎「書」是汲取偉人智慧與知識的最強工具

即使在這個資訊氾濫的時代，還是有許多成功人士、偉大的經營者把「讀書」列為成功的必要手段。不管想要學習任何事物，讀書畢竟是最基礎的。

書的力量，遠比你所想像的要來得更強大。

書是一流作者將他們所儲備知識、累積經驗，耗費時間寫出的，再經過許多編輯及校對者的協助，進而在市場上流通的「精華內容」。

因此，看書這件事，也就是閱讀，可以說是**「以最快的速度、最短的時間，將許多聖賢偉人的智慧及知識下載安裝到你的腦袋，讓你能夠以最快的速度，出類拔萃的最有效方法」**。

「即使身處高度文明的社會，讀書依舊能帶來最大的喜悅。一旦能從中獲得成就感，就算身處不幸的境遇，仍然可以藉由閱讀得到滿足」。

這是美國哲學家愛默生（Emerson）說過的一句話。讀書非但是獲得成功最有效的方法，同時能為你帶來最大的喜悅。

◎這些閱讀的精華是否已在你腦中布滿灰塵？

「書本的重要性誰都知道……」

了解書本重要性的你，或許會這麼想。

然而，你能夠確信自己讀書的方式「真的」有效果嗎？

譬如說以下的情況——

- **看書的速度非常慢。**
- **總是不記得閱讀過的內容。**
- **明明看完一整本書，卻無法向別人轉述內容。**
- **能夠閱讀簡單的書，稍微有點難度的就覺得讀不下去了。**
- **雖然讀了很多書，對自己的人生卻沒有產生什麼樣的幫助。**

你是否抱著同樣的煩惱呢？你的狀況如何呢？

我想到目前為止你應當讀了很多書。

那麼，你能夠描述多少已閱讀過的內容呢？

有多少閱讀過的內容對你的人生產生幫助呢？

如果完全沒有留下任何記憶，你讀過的書能說是有用的嗎？

不管高爾夫或網球，每項運動一定有它的「規則」、「打法」、「訣竅」，同樣地，閱讀也有一套**「更有效果的方法」**。

如果不知道方法，而只是漫不經心地閱讀，那麼就像一邊聽著偉人的至理名言一邊打瞌睡般，即使花費再多的時間和精力，成效仍然有限。

◎在腦中建造一座「偉大的圖書館」

日本人的閱讀量，據說「平均一個月一本」。

不過，熟稔「速習法」的我，閱讀量是這個平均值的五十倍。我一個月平均閱讀「五十本書」。

我在每天吃早餐前至少已經閱讀「一本以上」。也曾經有過「六個小時閱讀二十本書」的紀錄。雖然不曾精確計算，不過，我的藏書量估計即將超越三千本。

為什麼我能夠用這麼快的速度閱讀呢？那是因為我了解**「最有效的閱讀法」**。

即使這麼說，並不是因為我掌握了「快速讀書的技巧」；而是掌握了**「能夠牢記讀過的內容，並且加以運用」**的方法。

因為使用**「能夠牢牢記憶的讀書法」**，所以**「腦袋中就好比建造起一座圖書館」**，我能夠把閱讀過的內容有效地儲存到腦袋的記憶庫當中。

因此，我完全沒有「讀了必要的書，腦子卻記不住」的困擾，或是「無法對別人說明閱讀內容」的煩惱。

閱讀大量的書籍，記住其中的知識，並且加以靈活運用，便能持續在工作領域上有所拓展。

你要不要也試著在自己的**腦袋中建造一座圖書館，養成「因應不同場合從其中取出必要知識的能力」**呢？

◎開發出「速習法」的我曾有過「閱讀障礙」

前言寫到這裡才要開始介紹我自己。我是主持速習法訓練課程的園善博。

我從二〇〇二年開始指導學員這個創始於美國的速讀法。**六年期間，以世界最快的速度，培養了七三三六名學員**。由於訓練所產生的成效驚人，**因此受到速讀開發機構的表揚**。該機構可說是神經語言學（NLP: Neuro-Linguistic Programming）及促進學習領域的世界性權威。

雖然我現在被譽為是「速讀訓練的權威指導員」，不過，過度的評價卻令我誠惶誠恐。事實上**我自己是個直到三十一歲之後才能正常閱讀的人**。在這之前，我完全無法像一般人一樣地看書。

從小我就因「**失讀症（閱讀障礙）**」而苦不堪言。所謂的「失讀症（dyslexia：閱讀障礙）」，指的是大腦無法妥善處理文字訊息，導致閱讀文章時，會產生極大的困難與痛苦的障礙。

當然，可以想見，我有多麼討厭學校的課業。所以在小學時我便下定決心，只要高中一畢業就去工作。

然而，現在我**每天閱讀一本以上的書籍，一年閱讀的書籍量超過五百本**。不但能完全理解、也能確實記住內容，所以在**工作、感興趣的運動等各項領域，都產生了令人驚異的成果**。

究竟在這段期間，在我身上發生了什麼樣的變化呢？

我二十三歲開始在父母的公司工作。在工作中逐漸感受到企業經營的樂趣，因而生起「想研究市場行銷」的想法。

然而，若是想學習「市場行銷」，非得閱讀大量書籍不可。因此我下定決心**要克服生平最討厭的閱讀**。

於是，我去研究所謂「失讀症」的定義、症狀和形成的原因，同時去尋找各種解決的方法。

結果發現——「就算有失讀症也能夠正常地閱讀」這項事實。

◎「速習法」融合了速讀技巧及腦科學與心理學知識

我之所以有今天的成就，是因為接觸了某種速讀法。也由於想推廣該速讀法，所以我不僅熟習這種技術，更從二〇〇二年到二〇〇八年擔任起速讀講師。

我舉辦的講座無論場次或參與人數都居世界之冠，更從中培養出八千名左右的速讀學習者。其中不僅誕生出許多因出版書籍而成名的人士，也有許多人因此在商場上大顯身手。更獲得**勝間和代**在《新・知識生產術》一書中大力推薦。

但是不可諱言的，由於無法掌握這個速讀法，而感到挫折、氣餒的也大有人在。

就算多一個人也好，我期盼所有學員都能學習到「速讀」的訣竅。然而，即使我透過電子郵件持續地進行個別輔導，卻仍然做不到讓每一個學員都能毫無挫折或能避免失敗。

因此，為了打破此種現況，我決定分享獨特且原創的「速習法」。

這是我根據個人經驗研究出的速讀技巧，並且融合腦科學及心理學的知識，成為個人原創的學習方式。也可說是我園善博獨樹一幟的「速習法」。

這個速習法，**排除了所有缺乏學術理論基礎的方法**。

這個方法不但經過**東京大學副教授，也是腦科學家的池谷裕二及許多專家學者多次珍貴的指導**，更是匯集了有關腦科學及心理學論文的研究，以學術理論為後盾所提出的方法。

◎「書」×「速習法」＝「成功的捷徑」

由於經過以上的歷程，因此本書所談的「速習法」，和目前坊間的速讀法大不相同。

我要闡述的不是「將眼睛所見的事物都輸入右腦」，或是「只要加快眼球運動速度，就能提升閱讀速度」等缺乏科學根據的理論。

跨越閱讀障礙、一年當中閱讀超過五百本書籍的我，能自豪地說這是研究了認知心理學及腦科學所產生的「最強學習法」，也是結合了「大腦的記憶力運作、理解架構」而產生的學習法。

不僅是快速地「閱讀」，也是促進迅速「理解」、「學習」的技巧，而這就是我所提倡的「速習法」。而且，由於速習法有腦科學為依歸，因此是**「任何人都不需勉強而為」**，一定能夠實踐的學習法。

十年前的我和現在的你一樣。不，應該說比你遜色多了。然而，這樣的我現在卻能在商場上大放異彩，持續地增強自己的學識及學養，這全都得歸功於「速習法」的實踐。

已經有許多人憑藉著這項速習法，在商場及課業上，展現出他們傑出的成果。

相信下一個成功的人士，就是你！

接著讓我先介紹速習法的整體輪廓。請看22頁圖。

首先，速習法並不要求你「現在立即開始讀一本書」。速習法強調的是，讀書之前要先做好「閱讀的準備」，才能提升學習效果。

一開始先讓大腦做好接納速習法的準備，把心理狀態設定在「**待機**」（prepared mind）的模式，接著再加以「**熱機**」（priming），這一點將在第2、第3章詳細說明。

這個準備階段若是急就章，對於書本的吸收速度將無法增強，所以請不要焦急，耐心地做好準備。

待準備階段充分周延之後，才開始去實踐速習法。

速習法有個特徵是：「**依照動機區分為三種閱讀方式**」。

一是能掌握整體概要的「**蜻蜓點水式略讀**」（Skimming Reading）。

其次是想要熟悉某項知識時，挑重點消化的「**標靶式精讀**」（Targeting Reading）。

對於富情節性，或是難以了解的書籍，則需採取「**地毯式詳讀**」（Tracing Reading）。

具體的方法我將在第4章介紹。

第5章我將傳授如何將學習的知識訊息牢固地記憶，並且說明如何實際

「速習法」的全貌

建立「速習腦」（速習法的準備）

「目的」明確，就能提高學習效果

步驟①

設定待機狀態 ——— 第 2 章

- 決定看書的「目的」和「報酬」
- 「推論」書本的內容

步驟②

熱機 ——— 第 3 章

- 「快速瀏覽」
- 消除對書的抗拒感

記住／固化「訊息」

「速習法」
是閱讀時能夠達成「記憶、固化、提取訊息」
最有效的方法

「速習法」的實踐——第 4 章

因應「既有知識」的量，分別使用「三種閱讀法」

「既有知識」量少的時候，適合先掌握概要的情況下，需要
「蜻蜓點水式略讀」
152 頁

具有某種程度的「既有知識」時，或是想針對特定主題學習時，適合掌握細節的
「標靶式精讀」
171 頁

「小說」等具有情節性的書，需要整本書從頭讀到尾時適合
「地毯式詳讀」
180 頁

「速習法」的確認——第 5 章

確認讀過的內容「回想得起來」嗎？

- 告訴別人書上的內容（部落格、讀書會、社群網路等）
- 參加考試
- 練習測驗題庫
- 複習

回顧「訊息」

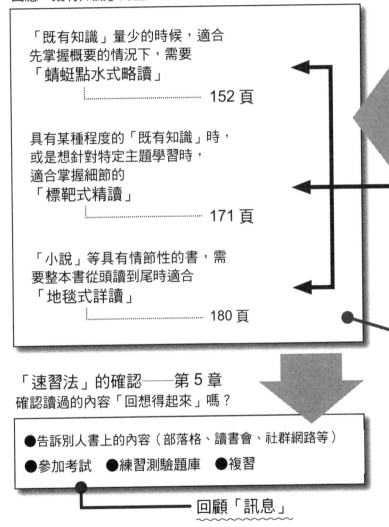

加以運用。

了解了上述速習法的概念後，接下來就可以開始閱讀了。

我在本書開宗明義就說過。

「讓自己以最快的速度，出類拔萃的最有效方法」，那就是閱讀。

因此，如果能夠學會「速習法」，就等於能夠**以最快的速度、最短的時間，將許多聖賢偉人的智慧及知識下載安裝到你的腦袋。**

「書」×「速習法」＝「成功的捷徑」！

那麼，接下來就讓我告訴各位這個實現「通往成功捷徑」的魔法——「速習法」（雖說是魔法，可是有理論基礎的）。

衷心期盼本書將能豐富你的知識學力與人生！

園　善博

第2章
建立「速習腦」的方法①
設定明確目的的「待機」

第3章

建立「速習腦」的方法②
針對要閱讀的書進行「熱機」

第5章 「速習法」是能一二〇%活用記憶並牢記的技巧

第 1 章

最強的學習法
什麼是「速習法」？

1

速習法是「牢記知識」的最佳方法

比「速度」更重要的是「知識的牢記」

速習法講求的並不是只以「快速閱讀」為目的讀書技巧。

只要理解速習法的訣竅，並且加以不間斷地實踐、練習，一定可以**比現在閱讀的速度要加快好幾倍**。

不過，速習法的目的，是在於**「確實了解書籍的內容，並且牢記所學的知識」**。

與「一分鐘內能閱讀幾萬字」，這類以「速度」做為主要閱讀技巧的訴求不同，速習法不需要費心學習如何讓眼球動作速度加快，或是練習把文章全部圖像化。

「加快、加深理解」才是速習法主要的重點。

我之所以強調這種讀書技巧並非「速讀」而是**「速習」**，是因為這種學習方式在於「牢記知識＝讓知識成為自己的一部分」，同時也是「任何人都可以學會的技巧」。

換句話說，「**學會**這種讀書技巧，把它養成習慣，得到的效果是能真正了解實際有用的知識」，這才是所謂的「速習法」。

不管閱讀速度有多快，若是**不能夠理解內容，只是讓眼睛的視線追著文字跑**，這並不能稱之為「閱讀（＝了解）」。

即使是暫時記住了，但是如果沒有好好運用能**「牢記知識的閱讀技巧」**，一般來說，多半很快地就會將內容遺忘。

速讀終究只是一種「學習所需的工具」而已。如何運用適當的技巧來理**解內容，把所獲得的知識有效地運用在工作或考試上**，這才是最重要的，也是我們應該加以學習的。

一定得大量閱讀的話，就必須加快閱讀速度

如果用一句話來說明速習法，那就是「**累積知識的閱讀法**」。與其說是「因為讀得快，所以能夠讀得多」，不如說是「**因為讀得多，所以能夠讀得快**」。因為速習法一開始並非只是追求「速度」。

因為當我們閱讀書籍的量增加時，知識一旦能夠擴展，閱讀速度就會加快，這就是速習法所強調的「速度」。

比方說，一個成年人現在重新去讀小學的「社會課本」，孩子們必須花費好幾年學習的「社會科目」；如果是已經成年的你，應該可以順暢無阻地閱讀，只要花幾個小時（甚至幾十分鐘）就可以把教科書讀完了。

這是因為小學教科書不會有你讀不出的字，或是出現過於艱澀的詞彙。

教科書裡所傳達的知識，應當早已儲存在你的大腦資料庫裡。

我們在童年時期都曾有過學習「社會科目」的經驗，所以只需要**比對儲存在大腦的知識，加以確認（或推論）**就可以了。

因為不需要耗費時間記憶陌生的新知識，所以我們能夠快速地閱讀。

順帶一提，速習法把這種**「已具備的知識」**，稱之為**「既有知識」**。

然而，若是小學一年級的學生突然要學習六年級的課業，我想一定很難完全理解。進入小學後，從一年級、二年級、三年級、四年級、五年級，依序地往上累積知識，最後到了六年級才有辦法理解六年級的課業（六年級能夠快速閱讀一～五年級的教科書，正是因為「既有知識」的緣故）。

例如，完全不會韓文的人，看到「감사합니다」這句韓文，因為一個文字＝一個區塊，因此一定得先學習「감」、「사」、「합」、「니」、「다」個別的字義，才能理解整句韓文的意思。

學習完全陌生的事物，就像初學外語般，必須記住這麼多個別的區塊。

但是知道「감사합니다」念作「刊沙哈米達」，了解這串文字是「謝謝

您，非常感謝！」之意的人，五個文字就可以成為「一個詞（一個區塊）」來理解。

「一個字一個字地閱讀」和「一個詞一個詞地閱讀」，兩者相較之下，顯然後者的速度一定可以快得多。

閱讀速度的快慢，會隨著**本身具備知識量的多寡而有所差異**。如果所擁有既有知識不夠多，那麼相對來說，想要加快閱讀速度是很困難的一件事。

缺乏「既有知識」，就不得不記憶更多的「區塊」

想要記住「감사합니다」的話……

具有「**既有知識**」的人
（懂韓文的人）

「감사합니다」
視為一個「詞」
來理解

↓

能夠快速理解

缺乏「**既有知識**」的人
（不懂韓文的人）

「감」、「사」、「합」、「니」、「다」
一定得先把五個字
逐一理解才可以

↓

耗費時間

「既有知識（已具備的知識）」增加，學習新事物的速度就快

我對「寺院神社」很感興趣，我把它視為是畢生的志業，持續進行著寺院神社的巡禮。當然也閱讀了許多相關的文獻與資料。

話雖是如此，但在我一開始打算「研讀有關寺院神社的知識」時，由於「既有知識」實在過於貧乏，因此閱讀的速度完全是呈現牛步的狀態，沒辦法加快。雖然我讀的**第一本書是入門書，而且我把閱讀的重點聚焦在掌握「全貌」與「概略」上**，不過完全不懂的內容仍然占大部分。

無論是寺院神社的歷史變遷或宗教上的涵義，以及內文詞彙的讀法等，因為不懂的東西實在太多了，所以在閱讀速度上也一直就快不起來。

不過在閱讀第二本書時，由於從第一本書當中學習到了「既有知識」

既有知識增加，閱讀速度就會變快

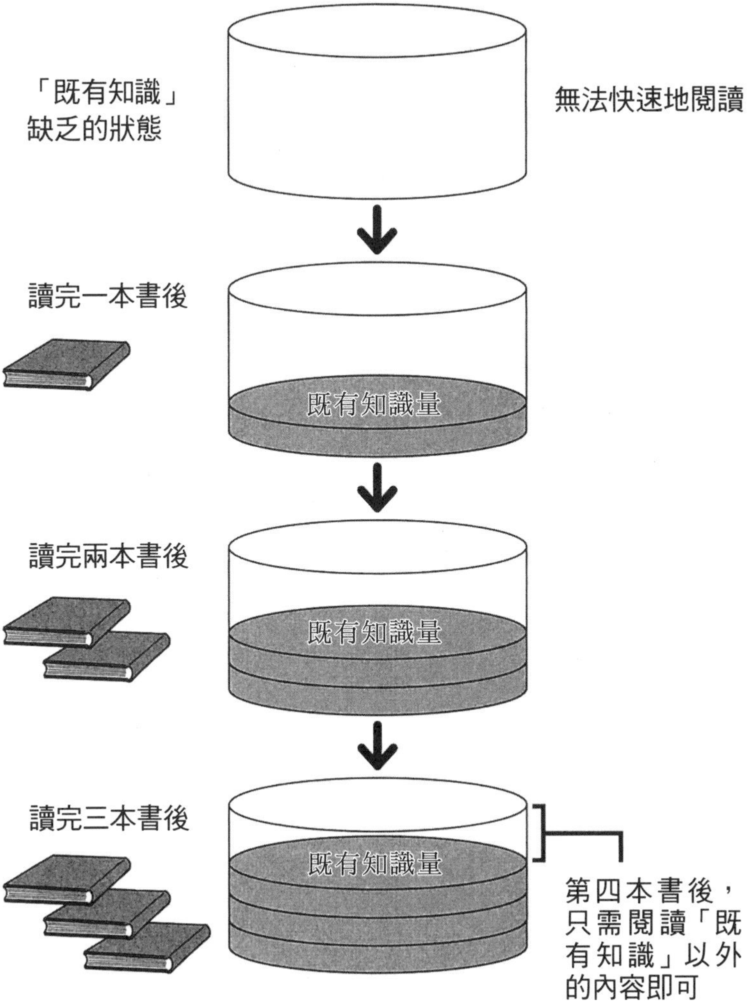

（有關寺院神社的概念知識），因為是已經學過的內容，所以感到疑惑的地方也變少了，相較之下閱讀起來變得相當順暢。

而當開始閱讀第三本書時，因為增加的「既有知識」更多，所以閱讀速度比第二本更快。

以這種方式，進行大量閱讀之際，漸漸地形成在閱讀上**「只需把時間花在不知道的地方（新知識）、或是想了解的地方就可以」**。這麼一來，「讀完一本書的速度」就會顯著地增快。

同時，在吸收新知時，能夠**核對「既有知識」來合併記憶，或是以推論「這件事情可能是這麼回事」**的方式閱讀，對於「知識的理解度」將會有更深入的效果。

當「既有知識」量累積得越多，新事物的學習速度就會越快也越深入。

Point

「內容理解越多的書，讀起來越快。」

2 速習法是從腦科學和認知心理學衍生的學習法

因為有學術根據，能夠更快速閱讀、更深刻記憶

正如前文所述，我從二〇〇二年開始擔任速讀課程的講師，大約指導了七三三六名學生。這些學生當中有人出版著作，也有人在事業經營上獲致成功，因速讀課程而大放異彩的人相當多。

然而有些學生也因無法學會速讀而放棄也是另一項事實。

「為什麼會放棄呢？為什麼無法快速地閱讀呢？為什麼讀過的內容會忘記呢？」

我因為想探究其中的原因，於是開始閱讀相關心理學及腦科學方面的研

究論文，也承蒙腦科學專家東京大學池谷裕二副教授，及多位專家學者為我解答，而得到了以下的結論。

「如果沒有經由『記憶的結構』或『理解的心理程序』這樣的處理過程，知識將無法牢記，也無法快速地閱讀」。

因此，我運用目前的速讀法技巧，再加上「有學術理論根據」的腦科學及認知心理學（以感知、記憶、學習、思考為研究對象的心理學）的知識，研究出「園善博獨創」的「速習法」。

Point

速習法是遵循腦部機制的終極學習法。

綜合由上而下及由下而上的處理系統方式來閱讀，提升學習效果

能否**促使知識牢記，決定於「既有知識」（已具備的知識）量**。

前文我說明過，擁有的「既有知識」量越多，理解度將越深刻，愈能牢記知識，閱讀速度也愈快。

無法閱讀以韓文寫成的書籍，就是因為缺乏「既有知識」；而能夠飛快地閱讀小學一年級的教科書，則是擁有大量「既有知識」的關係。依據不同書籍而產生閱讀速度及理解度的改變，可說和「既有知識」息息相關。

對於自己想要學習的領域，只具備些微或甚至缺乏「既有知識」時，一開始學習時必須**先掌握該領域的全貌，即基礎．入門的內容**。

首先，要設法從「內容粗淺、容易理解」的入門書籍著手，第一步先從了解「大致的輪廓、大綱」開始。**用「掌握概要」來處理訊息的方式，認知**

心理學稱之為「由上而下的處理系統」（top-down）。

針對所要學習的領域，掌握某種程度的大綱（增加既有知識）後，再開始進行更艱深的知識學習，吸收「必要及重要的內容」，提升專業性的知識。**以「掌握細節」來處理訊息的方式，認知心理學稱為「由下而上的處理系統」（bottom-up）。**

打個比方或許比較容易理解。當我們觀察一個人的臉時，「掌握臉部輪廓及整體感覺」屬於由上而下的處理系統；而「掌握眼睛、鼻子、嘴巴等五官的形狀」則屬於由下而上的處理系統。

換句話說，與他人突然打照面時，通常會先以由上而下的處理系統，掌握臉部整體的感覺，進而才運用由下而上的處理系統，來觀察眼睛或鼻子的細部形狀。

當我們去理解一件事物時，就是類似以這樣的方式，採取「由上而下的處理系統」及「由下而上的處理系統」兩種方法，來處理我們所接收的訊

「由上而下的處理系統」及「由下而上的處理系統」

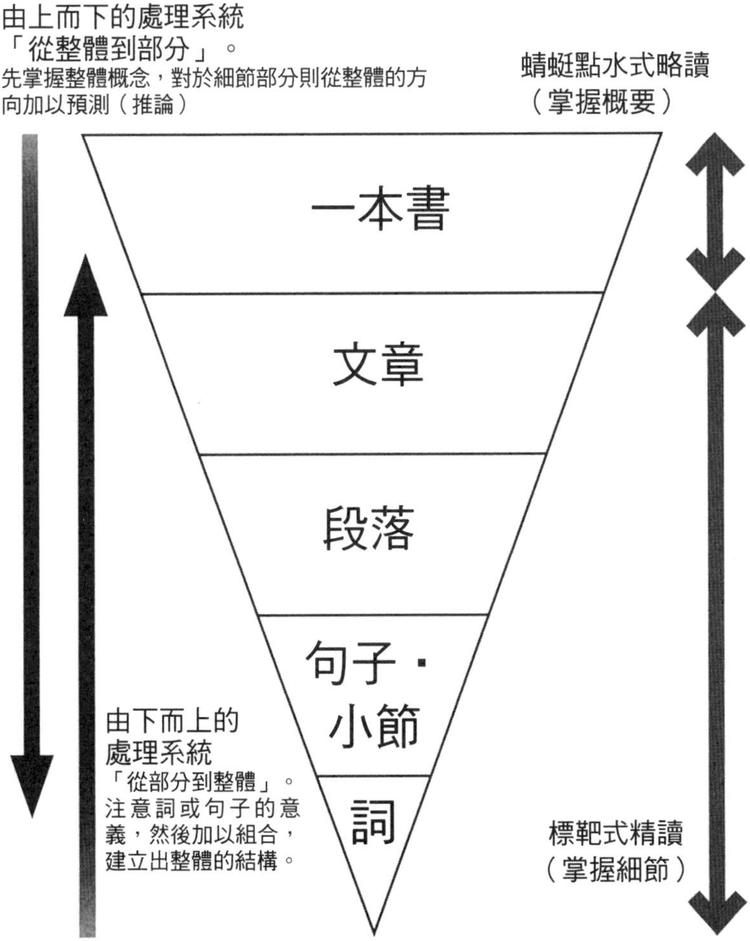
由上而下的處理系統
「從整體到部分」。
先掌握整體概念，對於細節部分則從整體的方向加以預測（推論）
蜻蜓點水式略讀
（掌握概要）
一本書
文章
段落
句子・小節
詞
由下而上的處理系統
「從部分到整體」。
注意詞或句子的意義，然後加以組合，建立出整體的結構。
標靶式精讀
（掌握細節）

息。

因此，「速習法」是根據認知心理學的理論發展出的一種閱讀技巧，它結合了——

・適合「由上而下的處理系統」的閱讀法（＝**蜻蜓點水式略讀**）。

・適合「由下而上的處理系統」的閱讀法（＝**標靶式精讀**）。

至於具體的作法，在後面的內容當中將詳細介紹給各位。

Point

所謂學習，就是同時掌握概要與細節，以累積知識。

閱讀商管書籍會中途放棄的原因

有心挑戰看似有些難度的商業管理書籍，卻半途而廢的原因，多半也和「既有知識量」有關係。

應該具備的知識如果不夠充分，那麼你再怎麼讀也無法把書本的知識融會貫通。例如，出版了許多暢銷書的經濟評論家勝間和代，以及出版《槓桿閱讀術》而聞名的企業顧問本田直之，他們所推薦的書籍，內容的確十分出色。但是一旦翻開書本想閱讀時，卻怎麼也難以繼續翻閱、閱讀下去，這就是因為既有知識不夠。**和一年閱讀了幾百本書的他們，在基礎上完全就是大不相同。**

自我陶醉在「閱讀了艱澀的書」上一點意義也沒有。我們應該拋棄不必要的自尊心，弄清楚自己究竟是為了什麼目的而讀書？如果基礎知識不足，那就從入門書開始讀起會比較好不是嗎？

3 已具備的知識量決定學習的深度與速度

讀書是「成人的知識力檢定」

我認為書籍扮演著「成人的知識力檢定」的角色。因為藉由閱讀大量的書籍，能夠確認：

・什麼是自己做得到的？什麼是做不到的？

・什麼是自己已知的？什麼是自己未知的？

・自己究竟具備什麼樣的「既有知識」？所具備的量有多少？

因此，只要了解了以下各點，就能掌握自己的「適性」及「知識量」，

成為自我評價的客觀基準。

・「知道的事物」和「不知道的事物」。
・「做得到的事」和「做不到的事」。
・「有興趣的事」和「不感興趣的事」。

比方說，買了好幾本「入門書」，一邊閱讀的同時一邊確認**「我對這本書的內容能夠理解到什麼樣的程度？」**

這麼做的話能夠掌握自己所擁有的「一般常識力」、「語彙力」等「既有知識」達到什麼樣的程度。

Point

藉由閱讀書籍，來做自我的「知識檢定」。

知識增加越多，「創造力」越豐富

面對嶄新的工作或生活課題時，如果你缺乏「既有知識」，就無法做出「應該如何應對？」判斷

日本將棋的棋士對奕時，都是先在腦中計算出三十手或五十手後的變化，然後才走出「下一手」。能夠精確計算接下來的棋路，正是因為他們具有「既有知識」，所以才能依據對戰一方的棋路和自己的特長、定跡（將棋用語，指棋局攻防的合理次序），從各種不同層面去思考最有利的一手。

同樣地，若是足球選手，就必須考慮對手的動向、敵對選手的特徵、對方的策略，以及我方選手的優勢，然後判斷出「該進行傳球？運球突破防線？或是直接射門？」比起初次對戰的球隊來說，過去曾有出賽經驗的球隊，由於已具備「既有知識」，所以應該會有比較容易突破的局面。

無論是棋士出神入化的一手棋，或是足球選手神乎其技的攻防戰，都是奠基於「既有知識」的延伸與發揮。

我認為「思考力」和「既有知識」的量是成正比的。所謂的「思考力」，絕不是從0（無）瞬間爆發出一〇〇的力量。

而是**「從具備一〇〇的既有知識和價值感當中，演繹出最佳表現的頂尖能力」**，以及**「重新組合既有知識，往各種面向推論的能力」**。

如果能夠具備大量「既有知識」的話，就能以縱、橫、斜向等各種不同的面向來掌握事物的全貌。

Point

> 創造力不是才能，而是知識的量。

知識增加，能夠增廣掌握事物的面向

一個人所具備的「既有知識」，足以左右對事物的觀點。

比方說，即使兩個人同時觀察同一件事物，由於各自具備的「既有知識」不同，詮釋的觀點也會有所差異。

55頁的圖A，你看到了什麼？

有些人看到「鴨子」，不過我想也一定有人看到「兔子」。同樣的圖片卻看到不一樣的圖案，是因為當事人所抱持的「既有知識」不同。

接下來請看圖B。你從四個方格所圍繞的正中央看到了什麼字？

從事會計工作或是銷售相關行業的人，因為平時對於「數字」耳濡目染，或許一開始會回答「13」；不過，對於正在學習英語的人來說，由於整天接觸英文字母的時間長，想必有很多人能夠一眼就注意到橫向關係，而回答「B」。

「既有知識」左右對事物的觀點

圖 A

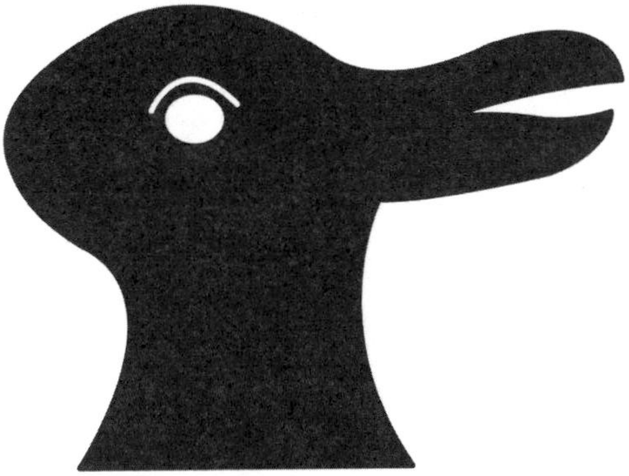

圖 B

每個人理解事物的方式，稱為「模式」。
「模式」是依據當事人的「既有知識」所決定。

不管回答「13」或是「B」，都是受到了「既有知識」的影響。

我們可以因此推論，若是**擁有豐富的「既有知識」，便擁有從各種觀點解釋事物的能力，所以「創造力就會更豐富」**。

累積「模擬體驗」，建構出自己的未來形象

一般來說，即使我們對各種領域抱持著興趣，想要「每種事物都經驗、嘗試看看」，但往往因為有時間上的限制，不可能經歷所有的事物。

然而，若是你能透過閱讀，就能夠有類似的「模擬體驗」。

因此，不管你是對企業經營者、超級業務員、運動選手、億萬富翁或是明星感到興趣，透過閱讀該領域的相關書籍，就能經歷類似他們的體驗；並藉由這樣的情境模擬，得以了解你所未曾體驗的嶄新世界，擴大思考與興趣的範圍。

如果你正在考慮自己「創業」，那麼你可以閱讀「創業成功者」的著作。這麼一來，就可以清晰描繪出「自己創業時的模樣」，或是「功成名就的自己」之未來形象。讓成功的「動機意識」更為強烈。

你要牢記，在「有用的知識」上，「累積經驗」確實是必要的。但是**透過閱讀書籍所獲得的經驗，和缺乏「既有知識」而必須嘗試歷練的人，前者會更有效率**。

相對於一般人必須經驗過「十次」的事，事先閱讀相關書籍而有所準備的人，只需經驗「三次」左右即可。

Point

讀書，能夠歷練各種不同的人生。

4 認識現狀，明瞭「知識不足」的地方

人的大腦只會留下必要的記憶

有位通過司法考試的朋友，他在準備考試的時候，在翻閱六法全書之前會先做「考古題」，先從確認「自己已經了解的知識究竟有多少」開始。也就是在**開始正式準備考試之前，先驗證自己的實力**。

接下來他會把「解答不出的地方」以及「分數不足的部分」，做為學習的重點。正如「已經牢記的知識，就不必花時間學習」般，相當有效率地準備考試。

對於入學考試或資格考試這類需要大量背誦內容的考試狀況來說，準備時把重點專注在「知識不足的部分」，應該是效率比較高的辦法。

人的頭腦，不可能把書本上所寫的內容百分之百地記憶下來，更何況是六法全書，要全部熟記更是不可能的事。

之後我還會再詳加說明，大腦的**記憶結構原則上「只儲存必要的事物」**。因此，如果不是必要的事物，就不會存留在記憶裡。

所以，要是能了解「解答不出的地方」或拿不到「分數的部分」，以及清楚明白「對自己必要的內容是什麼？」然後再專心於念書，會比較容易記得住。尤其是剛開始準備考試的階段，弄清楚自己「會還是不會？」、「有沒有既有知識？」是不可忽略的一個重要步驟。

如果我們把求學時間計算到大學畢業為止，那麼我們從小學六年、中學三年、高中三年及大學四年算下來，共計讀了十六年的書。

照理說大多數的人應當已經具備相當多的既有知識量了。不過，我認為不明白所學的知識「哪些必要？哪些不必要？」的人也絕對不在少數。

Point

要明確了解什麼是「自己所須具備的知識」。

確認「不清楚的事物是什麼」

你具備越多有關學習領域的「既有知識」，理解度就會越快也越深刻。相反地，缺乏「既有知識」的話，理解程度會比較浮面、淺薄，速度也會相對緩慢。

由於「速習法」是不斷累積「既有知識」的一種讀書技巧，所以要先設法明瞭「現階段我具備哪個領域、程度多少的既有知識」，再開始用功，學習效果才能大為提升。

在「完全沒有既有知識」的情況下，最好先從入門書開始著手，紮紮實實地建立基礎。

不過要是**已經具備該領域某種程度的既有知識，那麼你的第一步就是要先確認「所具備的既有知識究竟到達什麼樣的程度」**。

比方說，如果你的目的是「TOEIC考試突破九百分」時，不妨先確認「目前自己的英語能力到什麼階段」。

先試著做模擬試題或測驗題庫，客觀地評估一下「中學、高中、大學所學的英文究竟還記得多少？」、「自己的實力大概在什麼樣的程度？」用這樣的方式就能清楚地了解「自己的弱點」是什麼？

不是學到某個程度才要開始測驗自己的實力，而是要在一開始就以考試的方式測試看看。

換句話說，在**輸入知識以前，先輸出一次**，測試「現階段的自我實力」。這麼一來，你一定能夠在讀書的時候，切實地掌握「重點的所在」。

通用汽車公司GM（General Motors Corporation）的創始人威廉・C・杜蘭特(William Crapo Durant）曾說過「**所謂學習就是逐漸發現自己的無知**」。這句話和此一觀念如出一轍。

Point

首先你要先弄清楚什麼是「自己所不知道的事情」。

到此，這個章節已經說明完「速習法」的基本概念——**隨著「既有知識」的增加，閱讀書籍的速度就會自然地變得神速。**

也許有人會認為這是理所當然的事。然而，你究竟是「意識到了？」或是「未曾意識到？」這將使學習的成效有天壤地別的差異。

毫無意義地一味地只求讀得飛快，到頭來會發現內容根本一點都沒有記住。我希望各位務必記得：不是因為讀得快所以讀得多，而是**「因為讀得多，所以能夠讀得快」**這項原則。

第1章 總結

- 「速習法」是重視「牢記知識」甚於「閱讀速度」的一種讀書方式。
- 所謂「既有知識」就是「已經具備的知識」。
- 閱讀大量的書使得「既有知識」增加，因而能夠快速地閱讀。
- 理解事物的方法分為「由上而下的處理系統」（概念掌握），以及「由下而上的處理系統」（細節掌握）兩種。
- 適合運用「由上而下的處理系統」的閱讀＝蜻蜓點水式略讀。
  適合運用「由下而上的處理系統」的閱讀＝標靶式精讀。
- 人的大腦只會記憶「必要的事物」。
- 要確認「不知道的事物」。

第2章

建立「速習腦」的方法①

Step 1：Prepared mind

設定明確目的的「待機」

1

確定「為了什麼目的讀書？」

創造容納知識的「容器」

速習法是一種特別重視閱讀前「準備階段」的學習法。

因為大腦在毫無任何準備的狀況下，即使有新的知識或訊息的進入，也無法立刻吸收。因此，**在你打開書本之前，請先在腦袋中準備好接下來要存放的知識及訊息的容器**。

學習速習法時，所做的設定「待機狀態」是用以確定閱讀目的的動作，以及為了順利吸收書本知識的「熱機」都非常重要。因為如果你跳過這兩個步驟，對於「訊息理解」的掌握程度將呈現截然不同的成果。

這一章將針對「待機狀態」的設定詳加說明。

讀了書之後，你想達成的目的是什麼？

英國生物學家湯瑪斯·亨利·赫胥黎（Thomas Henry Huxley）曾說過這樣一句話。

「人生最大的目的不在於知識，而在於行動」。

沒錯。我們並不是為了「儲存知識」而來到人世，而是為了付諸什麼行動而誕生的。因此，除了「讀書本身就是興趣」的人之外，其實，讀書並非我們的目的。

「我想參加代書資格考試，必須念很多書，所以想學速習法」。

「我想轉行，正考慮轉到市場行銷相關的公司；轉行前我想先讀一些書，了解工作的概況」。

「我想多讀些有關股票及不動產相關的書籍，希望對於資產的運用能有所幫助」。

「因為發生全日蝕的關係，我開始對天文學感到興趣。所以想讀更多書，學習有關宇宙的形成及最新的宇宙理論」。

如果能夠像上述一樣，事先確立某個目的，就**越能夠清楚描繪出「自我未來形象」的人，對於速習法技巧的掌握速度將越快**。

然而，我發現，現在有越來越多的人無法確定自己的「未來形象」，而「期盼他人為自己做決定」。自己無法勇於舉手發出「我想做這個」的宣言，只是表現出一副「人家要我做什麼我就做做看」的姿態。明明是自己的事情，卻無法果斷地下決定。像這樣的人越來越多。

曾有人問我「我很猶豫是否該參加速習講座？怎麼辦才好？」

針對這樣的疑惑，我都會做如下的回答。

「如果您感到困惑的話，最好不要參加！」

如果你向我追問為什麼做這樣的回答？我的答案是，因為他們參加講座的「動機」不夠明確。

在「動機」不明確的情況下來參加速習講座，並無法因此學會速習技巧。至於會感到疑惑是因為你被動地認為「只要參加講座，**好像就可以有什麼收穫？似乎可以得到什麼樣的啟發？」**

其實，在來參加速習講座的學員當中，有許多人是「抱著某個期待而參加」，也有人是「不太清楚」為什麼來參加。

「因為速讀現在好像很流行，所以先來看看。總覺得好像很有趣的樣子……」抱著這種心態來參加雖然也沒有什麼關係，但這樣的人通常很容易因中途受挫而放棄。這就像如果沒有決定終點在哪裡，就無法進行馬拉松是相同的道理。

Point

「為了讀書而讀書，一點意義也沒有。」

缺乏周延的準備，將無法達成目的

運動選手在接受訓練之前，通常都會「先確定訓練的**目的**，接著再思考，為了達成目的，該進行哪些配套訓練，以及用什麼樣的時間表來練習」。

如果不配合「目的」及「自己的程度」來進行訓練的話，在體能和技巧的提升上想必會很有限。

當企業經營者制定期初的經營計畫時，一定要明確擬定能夠讓前期數字提升的方針及組織架構，才能提高營業額。企業經營都應該依循著「經營計畫」而進行。在這個時代毫無計畫的商務（漫無目的的商務）應該很難成功吧！

不管是運動的訓練或是企業的經營，在付諸行動前，做好周延的「**準備**」，是能不能產生成效的「必修科目」。

明確「目的」，提升作業效率

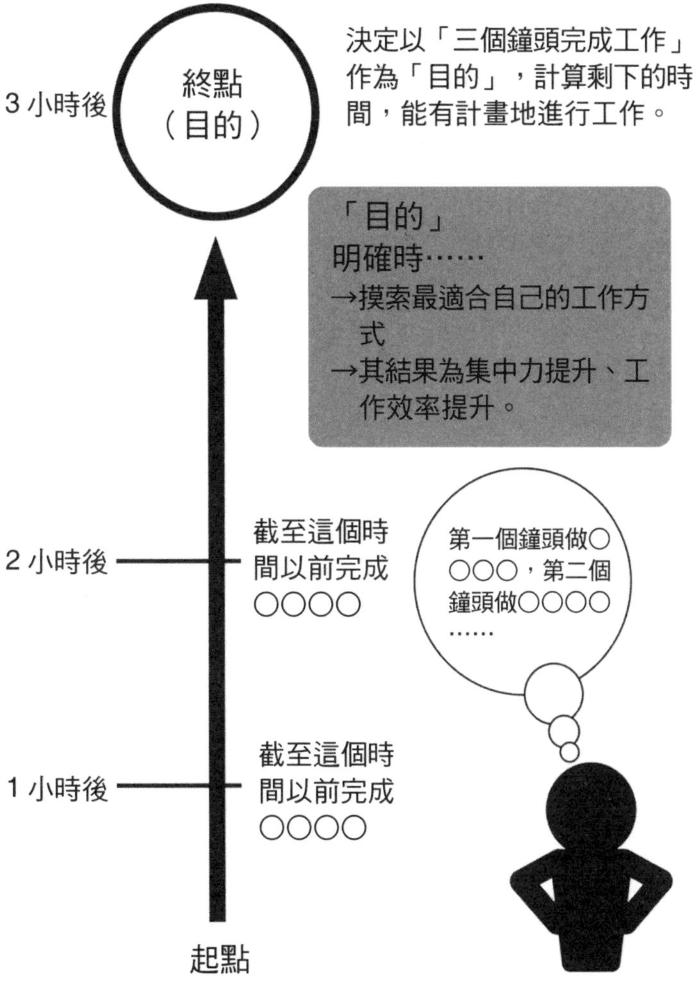
3 小時後
終點
（目的）
決定以「三個鐘頭完成工作」作為「目的」，計算剩下的時間，能有計畫地進行工作。
「目的」
明確時……
→摸索最適合自己的工作方式
→其結果為集中力提升、工作效率提升。
2 小時後
截至這個時間以前完成〇〇〇〇
第一個鐘頭做〇〇〇〇，第二個鐘頭做〇〇〇〇……
1 小時後
截至這個時間以前完成〇〇〇〇
起點

以「近代細菌學之父」而聞名的路易・巴斯德（Louis Pasteur）曾留下——

「機會降臨在**準備周全**的心」（*Chance favors the prepared minds*）這句名言。

當你期望付出的心血能夠開花結果，行動之前的「準備」就絕不能輕忽怠慢。

同樣地，讀書時最重要的是，你是否「做好了準備」？

「你是為了什麼而念」？

「你想達成什麼樣的夢想」？

「你想從這本書中學習到什麼」？

「你打算以什麼樣的方式來讀」？

「讀完這本書後，自己可以獲得什麼」？

如果以上所列舉的這些事項都很明確，並且抱持著「準備周全的心」，那麼相信你的學習成效一定能夠突飛猛進。

Point

「透過讀書，決定自己想成為什麼樣的人。」

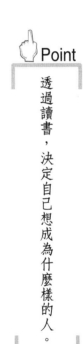

2

看書之前先設定好「待機狀態」

準備待機狀態必要的四個項目

「速習法」把「準備周全的心」稱之為「待機狀態」（Prepared mind），就是在開始學習及閱讀書籍之前，要先「設定好心理的待機狀態」。

設定好「心理的待機狀態」必須達到下列「四個項目」。

【設定好心理的待機狀態必備的四個項目】

❶目的（目的及報酬）

❷條件（環境和能力）

❸欲求
❹形象

說得更明白一點就是——

「自我的目的明確，齊備達成該目的的條件，抱持強烈達成的欲求，想像順利達成目的後的自我未來形象」。

3 決定「目的」和「報酬」的話，能提升處理能力

「處理明快的人」＝「目的意識明確的人」

「不知道為什麼而念書」和「抱著明確目的而念書」，很明顯地，「抱著明確目的而念書」的人，學習速度較能夠提升。

或許你也曾有過這樣的經驗。在考試前一天晚上臨時抱佛腳，這時的吸收力、專注力總是格外驚人。

另外，像暑假最後一天趕作業，通常也都能發揮比平常還要快上好幾倍的完成速度。

目的意識明確時，能加快處理速度

看圖 A 時，即使被問到「注意到什麼了嗎？」也很難立刻發現任何異狀。但是看圖 B，清楚地指示「找出『要』字」的目的，立刻就能發現。

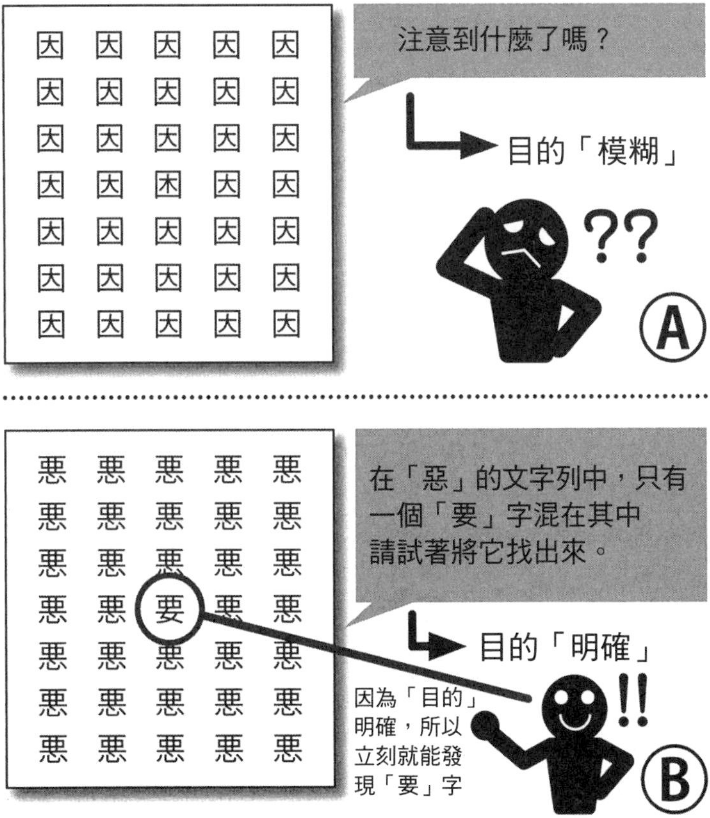
注意到什麼了嗎？
目的「模糊」
??
A
在「惡」的文字列中，只有一個「要」字混在其中請試著將它找出來。
目的「明確」
要
因為「目的」明確，所以立刻就能發現「要」字
!!
B

之所以能夠提高專注力，就是因為抱著「考試能夠及格」、「必須完成作業」等明確目的。

事實上正是如此！只要清清楚楚地確認「必須做什麼」，就能夠提升作業效率。

換句話說，「**處理明快的人**」＝「**目的意識明確的人**」。

Point

有了目的，訊息處理就能變得快速。

給自己「獎賞」，學習將能夠更順利進展

我接下來要說的，可以算是老生常談。

在我們設定「目的」時，如果能**一併想好達成目的時能夠獲得的「報酬」**，那麼在學習上將能進展得更順利。我在這裡所說的**報酬，所指的就是「獎賞」**。

「這件工作完成後，就能利用年假去夏威夷旅行」。

「只要簽下這份合約，就能得到更多的分紅獎金」。

「只要能拿到這個證照，就能夠開業了」。

「考上那所大學，就能買輛新車」。

「如果能夠得到好成績，最喜歡的老師就會稱讚我」。

當人們的眼前清楚地揭示著「獎賞」，我們就等同擁有朝向目標全力衝

刺的動力。

就像「把胡蘿蔔掛在馬的眼前」一樣。

對於無法找到明確目的的人，或是無法描繪出「自我未來形象」的人，我認為**先決定「報酬」**會是一種很好的方法。

因為一旦決定了報酬，就能發現「為了獲得報酬，一定要付出哪些行動？」

比方說，先確定「收入增加」的「報酬」，然後再進一步考慮為了達到「收入增加」的目的，是該選擇「創業？或是通過公司內部升遷考試？還是兼營副業比較好？」

對於繼承家業的我，之所以開始從事「講師」的工作，就是因為想著「能在人們面前說話，受到大家讚美，還能賺錢真好」的報酬。

之後我更進一步具體地做出決定，要藉由參加速讀講座，達到「教導別人讀書的方法」（目的），同時也能「賺取收入」（報酬）。因此我才得以持續不斷地研習速習法的這條路。

待機狀態設定①
「目的」和「報酬」

開始「學習」之前，先弄清楚「目的」和「報酬」，並把它寫在筆記本等處

「目的」

弄清楚為了什麼目的而學習？為什麼而「讀書」？
想實現的「夢想」是什麼？

例

成為教導讀書方法
的講師！

「報酬」

「目的」達成時，能夠獲得什麼樣的「獎賞」？
確定能夠有什麼樣的好處？

例

收入大幅增加

從大腦的構造來說，如果能先讓你的大腦明白確定「我想成為什麼樣的人？」以及「我是為了獲得什麼？」然後再開始讀書的話，你就更能夠加快學習的速度。

Point

「學習的動力，會因目的和報酬而加快速度。」

4 讀書之前先想清楚「目的」、「目標」和「手段」

「目的」是終點，「目標」就是路標

如果達成「目的」的過程（中途進展狀況）能夠很清晰，更能強化你的動機。

比方說，如果想登上富士山頂，一定不能把目標設定為一口氣直接攻到山頂。

一般人的攀登計畫是，在六合目、七合目、八合目等「轉折點」的山中小屋稍事休息，然後確認登山路線、時間、身體狀況、天候，一面檢視登山計畫一面進行登山才比較實在。

在這種情況下，登上「山頂」是**「目的」**，山中小屋即為**「目標」**，如果沒有事先設定「目標」，中途就會因精疲力竭而放棄。

例如從東京開車到大阪的話，「抵達大阪」是「目的」，高速公路的休息站則是「目標」。

與其一路馬不停蹄、完全不休息地直奔大阪，設定「每隔兩小時在休息站稍事休息」的目標，旅途比較不會疲累。

要是塞車嚴重時就早點休息。時間充分的話，或許也可以考慮中途下高速公路而改走一般道路。

打個比方來說，所謂**「目的」，指的是作為最終目標的「終點」；「目標」則像是通往終點站持續指引的路標位置**，我想這樣應該比較容易理解。

Point

為了避免半途而廢，要先確立你的「目標」。

決定好「目標」，才講求具體的「手段」

決定好「目標」之後，也一定要考慮達到該目標的「手段」。因為無法確定「手段」，就無法付諸具體的行動。

確定「想成為○○○○」的目的之後，最初的一步該如何跨出去呢？一個星期之後該做些什麼呢？一個月之後呢？半年之後該做什麼呢？

決定了「目標」後，為了達成目標，就可以明確判斷「應該採取什麼樣的手段？」

比方說，高爾夫初學者以「一年後低於一百桿」為目的，然後訂定以「一個月後能上高爾夫球場」為「目標」，為了達成上場目標，就會採取「買高爾夫球桿、去練習場練習」等「手段」。

以「一年讀三百本書」為目的來說，「一個月後讀二十本書」作為「目標」，為了達成該目標，則會採取「現在立刻去書店，買二十本書」等「手段」。

Point

「目標」確立後，思考實現目標的「手段」。

思考「目的」、「目標」、「手段」

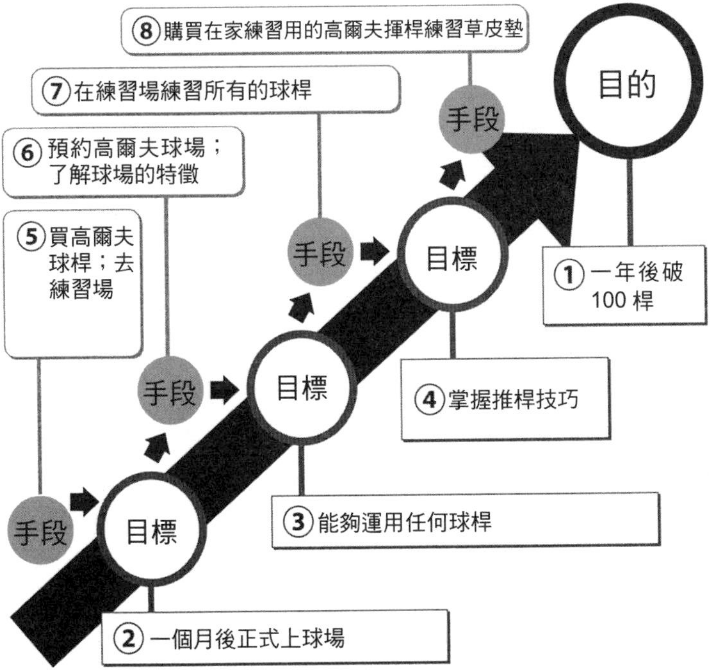
⑧購買在家練習用的高爾夫揮桿練習草皮墊
⑦在練習場練習所有的球桿
⑥預約高爾夫球場；了解球場的特徵
⑤買高爾夫球桿；去練習場
目的
手段
手段
目標
目標
手段
目標
手段
①一年後破100桿
④掌握推桿技巧
③能夠運用任何球桿
②一個月後正式上球場

「目的」是終點，「目標」是道路指示牌，
「手段」則是達成「目標」的具體行動

在達成「目的」之前，先思考看看三個「目標」和四個「手段」。
先階段性地掌握「達成目標」前的路徑，再明確地了解「各個階段該做的事」
如此，就能清楚描繪出抵達終點之前的過程。

5

檢視「環境」和「能力」是否齊備？

營造適合的「環境」，學習更容易

我從一年前開始打高爾夫球。雖然我並不是個有運動習慣的人，但是在第三次練習時，我的開球已經可以擊出一二〇碼的距離。最近一次則是球技已進步到「用一號木桿就能讓球落在目標點的二十公尺範圍內」。

我之所以能在短期內有長足進步的原因是，明確地設定了「打高爾夫」的「目的」。除此之外，我所做的就是**「環境的齊備」**。

因為住家附近有座高爾夫練習場及球場，所以我能夠不多費氣力地很輕鬆練習。另外，也因為父母親都喜歡打高爾夫球，所以他們也給了我許多揮桿的建議。他們不但陪我練習，有時還一起到球場打球。

可以說，我正因為齊備了**「打高爾夫方便、有利的環境」**，所以我能夠不斷地持續。

就算我企圖去「組一個棒球隊」，附近沒有場地，而且只有一個人根本無法打棒球，因此就沒有辦法像打高爾夫一樣地進展順利。

又或是即使我計畫「全程跑完馬拉松」，周遭如果沒有全程跑完馬拉松的過來人可以請教，就難以了解到正確的練習方法，想要達到「目的」，只怕會變得極為遙遠。

三個月TOEIC成績增加到一百五十分以上的學員山口晉一先生說，因為有**「嫻熟雙語的朋友」**，所以「能夠獲得到快速學習英語的訣竅」。

另外，經營餐飲店的Y．I先生，因為置身於**「能夠試飲紅酒的環境」**，所以準備「侍酒師檢定考試」格外地得心應手。

雖然常有人說「不要歸咎於環境」，但是不得不說環境的確很重要。在可能的範圍內，請為自己打造一個完善的學習環境。

Point

營造容易學習的環境。

尋求支持自己的人

為了達成待機模式的「目的」，你應當要去檢視「條件」。所謂的「條件」，包含了**「環境」和「能力」**兩項因素。「環境」和「能力」的正面要素越多，越容易達成目的。

【環境】

・「是否準備了學習的環境」？
・「有支持自己的人嗎」？
・「有妨礙自己、阻擾學習的人嗎」？

【能力】

・「自己的能力在什麼樣的程度」？
・「擅長的是什麼」？

・「不擅長的又是什麼」？

當我剛開始舉辦「速習法講座」之際，也曾試著一一列出為了達成「目的」的條件（環境和能力）。

「教導心理學的老師對我而言是正面要因」。

「學員當然是正面要因」。

「會製作網頁的好友是正面要因」。

「同業是負面要因」。

「我擁有在人前侃侃而談的能力，這是正面要因」。

「不過，對於行政事務較不擅長，是負面要因」。

針對「能力較差的部分」或是「不擅長的部分」，設法從支持自己的人們當中尋找能夠補強自己的人，這麼一來，自己就能全力貫注於「擅長的項目」。

要是你的周遭並沒有「支援自己的人」，那麼可以**運用各類講座或「社**

群網路」等，找到和自己抱著相同目的的溝通團體，讓自己置身於「正面要因」的環境中。

Point

如果獨自學習很困難，就借用他人力量來協助。

待機心理設定②
「條件」

「條件」＝「環境」＋「能力」

「環境」
- ●是否準備了學習的環境？
- ●有支持自己的人嗎？
- ●有妨礙自己、阻擾學習的人嗎？

「能力」
- ●自己的能力在什麼樣的程度？
- ●擅長的是什麼？
- ●不擅長的又是什麼？

試著把「環境」和「能力」寫在紙上

	正面要因	負面要因
達成「目的」的「環境」	教導心理學的老師	同業
達成「目的」的「能力」	在人前說話的能力	行政事務的手續

↓

正面要素越多，越容易達成目的。

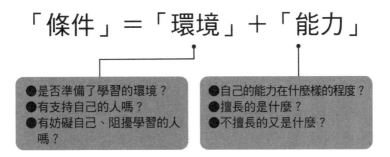

6 「目的」成立於欲求之上

「目的」不是「一切」，重點在「渴望的事物」

教導我「心靈結構」的向後善之老師曾說過：

「如果要以話語來表現目的，『想做……』比『應該……』會來得適合。」

「應該」這個詞裡，感受不到「自由」。因為充滿了義務感、「被強制要求的感受」，因此無法提高學習的意願。

例如，公司如果充斥著「務必嚴守的規定」，會議當中如果總是充滿了「應該」、「絕對」等話語時，個人的自動自發意志（想做……的心情）就容易受到壓抑，使得「組織容易陷於膠著狀態」。

讀書也是一樣的。心裡老想著「不讀書不行」、「讀書是應盡的本分」，那麼你的學習意願一點都無法獲得提升。而且，當你若是無法如願以償時，更容易因而感到挫折。

因此，就算你的目的很明確，如果那並非「打從心底想實現的目的」，就無法產生「我要好好地讀書」或「我要持續地認真用功」等態度。

Point

「想做……」比「應該……」更能達到速習效果。

把學習的「目的」結合「生理的欲求」

美國心理學家亞伯拉罕・馬斯洛（Abraham Maslow）主張「人類需求層級就像金字塔分為五個階段」，發表了所謂的「馬斯洛需求層級理論」。

他認為人類**「當較低層級的需求被滿足時，就會期望滿足更高一層的需求」**。

我認為「待機狀態的心理設定」之「目的」也應當基於「想做……」的自我需求。

97頁的金字塔圖上的「五大需求」當中，**越是底層的需求，驅動人的原動力越強**。

「生理的需求」及「安全感的需求」是生命存續及物種保存的基礎，是人類最原始、本能的需求。

因此，**如果能把讀書的目的和「生理的需求」及「安全感的需求」結合（就算牽強附會也沒有關係），意願動機就能提高**。

比方說，如果「目的」是「只要取得這個資格，就能對國家社會更有貢獻」，不妨試著將這個「目的」和「要是沒有這個資格，我就活不下去了」的生命存續結合在一起。

馬斯洛的需求層級理論

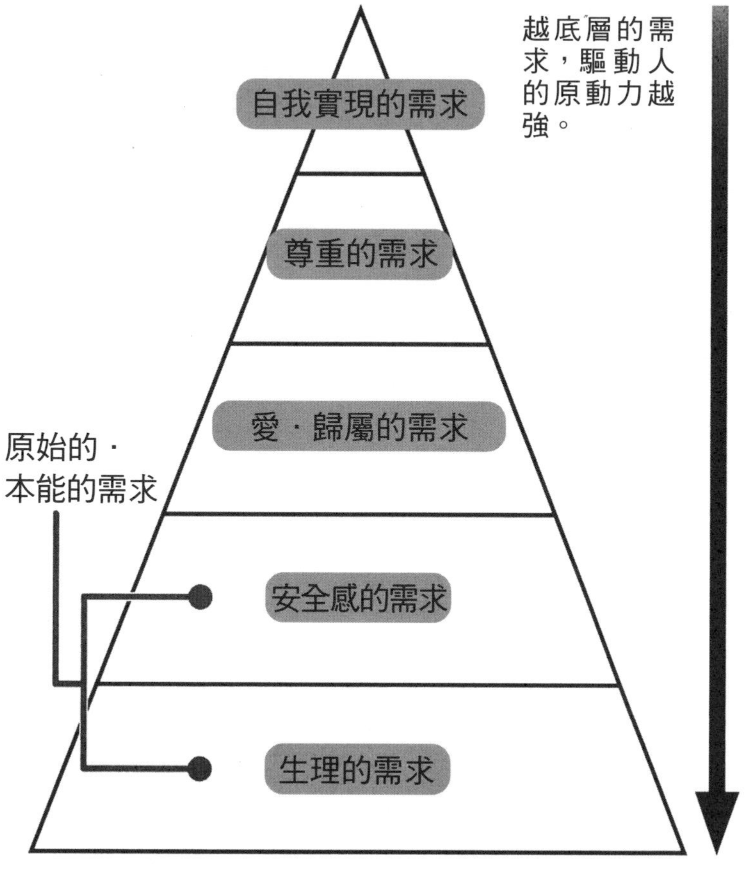

將用功或看書等「目的」和「基本底層的需求」相結合，意願動機也會升高。

又或者是如果「目的」是「學會英語後想到國外留學」，可以將這個「目的」結合「只要學會了英語，那麼我就能追求外國女性」。

自己「想這麼做」的目的或許是屬於「愛、歸屬的需求」、「尊重的需求」甚至是「自我實現的需求」等較高層次的需求；但是，若能把它再加上「生理的需求」或「安全感的需求」等基本層次的「目的」，就更不容易中途放棄了。

Point

根源性的需求，能產生更強烈的動機。

7 想像達成目的後的自己

運用五感，實際體會

「待機心理設定」的第四個步驟是**「想像達成目的後的自己」**。

想像時，請**「運用五感，切身體會真實感」**。

透過感官的充分想像，更能模擬出真實的形象。

如果學習的是完全缺乏「既有知識」（已經完全了解的知識）的領域時，要想像「抵達終點的自我」或許有些困難。

比方說，如果要你想像「當上稅務師的自己」，如果不清楚「稅務師從事什麼樣的工作」想必很難具體地想像出稅務師的形象（日本的稅務代理制度設有專門的資格考試，在日本稱為稅理士）。

所謂的「真實地以身體去感受」就是「**想像伴隨真實感的畫面**」。

如果難以想像「稅務師大展身手的模樣」，那麼想像一下這個畫面或許可能比較容易。

「**穿著西裝瀟灑地走在金融商圈的自己**」，

或是

「**朋友和家人為通過考試的自己慶祝**」，

又或是

「**獲得安定的收入，所以買下夢寐以求愛車的自己**」。

因為想像這一類的畫面，屬於自己的「經驗範圍內」。所以穿著西裝時舒適的感覺、親朋好友祝福的話語、手握方向盤的觸感，都可以運用感官來想像，如此能夠使意念更為強烈。

不過「想像力」較弱的人，很可能會因為「**自我價值觀**」及「**是非判斷**

思考桎梏一旦產生，想像力就難以發揮

檢視自己經常講述下列哪些話語？

- □ 1　正確答案永遠只有一個。
- □ 2　要講邏輯！
- □ 3　請遵守規定。
- □ 4　現實一點！
- □ 5　不要那麼曖昧嘛！
- □ 6　不可犯錯！
- □ 7　抱著玩樂的心態是很不認真的。
- □ 8　這不是我的長項。
- □ 9　不要想些有的沒的。
- □ 10　我缺乏想像力。

符合五個項目以上的人，想像力較差。
項目越少者，想像力越佳。

標準」而弱化了自我想像力。

推論能力及想像力的豐富與否，關鍵在於思考事物的柔軟性。專門訓練商業人士的創造力開發而聞名的羅傑・馮歐克（Roger V. Von Oech）提出了「十項思考的桎梏，阻礙了自由的創意」的看法。倘若能夠「掙脫思考的桎梏，頭腦就會變得靈活」，想像力就能大幅提高。

Point

融入情感，想像學習後理想的自我。

8「速習法」的實踐者這樣建立速習腦

你可以這樣做〔實例〕

藉由確認讀書的目的，以及自己所處的環境，對於學習所產生的動機將產生截然不同的變化。

那麼「速習講座」的學員們，究竟是怎麼設定他們的「待機心理」呢？以下介紹幾個實例。

了解了他人的實例後，我想各位就容易理解「原來可以用這種模式決定目的及報酬」，或是「想像未來自我的成功形象原來可以這麼做」。

●實例1

學員浪波仁的案例（為通過公務員考試和簿記檢定的學習）

【目的與報酬】

・目的是在今年以內通過公務員考試和簿記檢定。藉由檢定合格「洗心革面」，消除深植自我內心「總是覺得自己不會念書」的想法。

・準備測驗期間，克制了平時的嗜好和旅行，考完後可以完全解放。

【環境】

・為了盡可能在可以集中精神的環境下念書，**多利用圖書館等場所**。

・藉由電話與園老師商量，因此學習到讀書方法及應考策略（結果，學習效率大幅上升）。

・有給予支持的家人和朋友。

【期望】

・如果考試合格，可以擴大工作領域，尋找更多工作的價值及樂趣。

・希望考試合格能夠得到安定的生活。

【夢想藍圖】

・想像自己通過考試時，握拳高舉雙手，**開心地大叫「我考上了！」的模樣**。

●實例2

學員Y・I的案例（為通過侍酒師檢定考試而學習）

【目的與報酬】

・以「壓倒性地比別人花更少的時間取得資格」為目的，以「一拿到證照就去法國旅行，好好地品嚐紅酒」為自我報酬。

【環境】

・在店家試喝，累積必要的專業知識的同時，也要逐步建構起更為縝密的知識體系。

【期望】

・希望取得資格，建立起向顧客推薦紅酒的自信。**提高顧客的期待感、滿足感，對店家更有貢獻**。

【夢想藍圖】

・想像具備了相關紅酒的所有知識，**工作時自信十足的自己**。

●實例3

學員向井公規的案例（為通過中小企業經營顧問檢定的學習）

【目的與報酬】

・學習與工作相關的基本知識。

・能夠一口氣通過二〇一〇年的中小企業經營顧問檢定的一次和二次的考試（日本的中小企業經營顧問檢定需通過一次及二次測驗才能取得合格證書）。

・報酬是「購買想要的東西」。

【環境】

・在能站在公司立場上，充分活用所學習到的知識的環境。

【期望】

・希望能增加企業相關的知識，好好活用在工作及諮商上。同時也希望**為公司的業績帶來提升的效果**。

【夢想藍圖】

・因為決斷力更為迅速，所以「想像能獲得周遭人信賴及業績提升的自己」。另外，也因有效縮短工作時間，想像出「享有充實的個人生活的自己」。

●實例4

學員山口普一的案例（為提高TOEIC分數的學習）

【目的與報酬】

・以「三個月內TOEIC的分數提升一五〇分以上」為目標，決定「合格後去歐洲旅行」。

【環境】

・因為有通曉雙語的友人，而學會了能夠快速閱讀的訣竅。

【期望】

・期盼能被委任新工作，擴展工作範圍，滿足追求新知的欲望。

【夢想藍圖】

・想像語文能力進步，開發出新客戶的自己。

●實例5

學員藤野緋沙子的案例（為提高行動力及文書處理效率而進行速習）

【目的與報酬】

・提升製作資料及文書處理速度，增加月收入。

・月收入增加為現在兩倍時，計畫到馬爾地夫旅行慰勞自己。

【環境】

・**有尊敬的前輩可以商量**。

【期望】

・希望提高工作和收入的水準。月收入如果增加，進修的時間和投資的金額也能增加，希望能再提升技能。

【夢想藍圖】

・想像自己能像前輩一樣**改變生活方式**（確立時間及經濟上的自主性）。現在只是每天窩在辦公室工作，想像未來每天都被「委派到其他公司擔任駐在技術人員」能力受重視的自己。

●實例6

學員Y・S的案例（為了更快速閱讀大量書籍而學習速習法）

【目的與報酬】

・想閱讀更多書。而且，不光是迅速地閱讀而已，更希望學習到**能夠牢記並靈活運用的讀書法**。

・讓自己從「想讀得更快更多」的焦慮中解脫。

・運用書本所得的知識，讓工作更有效率，成為付出相同努力但能獲致更佳成果的員工。同時也因此得到同仁的信賴，確立自己的重要性。

・因為得到主管信任而可以參與自己想做（也是公司必要）的專案，進而在工作上感到充實。

・我想要是能夠聽到「交給你處理真是太好了」、「和你一起共事真的很開心」這樣的話，而感覺到「好在我很努力」。

・能因為從書上所得到的訊息（知識）與實際的工作中（體驗），使自己產生自信。

【環境】

・因公司同事不太參加研習，也不太看書，因此閱讀的書越多，越容易在公司獲得好評。

・與在研習會認識的夥伴，彼此以電子郵件或社群網路交換訊息、介紹好書，成為相互支援的理想環境。**受到共同學習夥伴們的刺激，自己也能有想要更努力的動機！**

【期望】

・準時下班，愉快地和尊敬的前輩一起（品嚐美酒佳餚），暢談未來的企業策略；或是在公司以外的研習會，和一些成功人士愉快地交流。這麼一來，當對方介紹自己還未讀過的書時，將產生「想要閱讀」的動機。

【夢想藍圖】

・**把自己的樣子和能幹的前輩形象重疊，然後邊思考「如果我是主管會怎麼做？」之後，再付諸行動。**這麼做之後，我發現自己向主管說明的方法也改變了。

讀完這些學員的實例，你的感覺如何呢？

每個學員雖然都有各自的「待機心理」設定方式，但可以從中看出他們共通的一點就是**經由「待機心理」的設定，引發出「對學習的意願」**。

請你也務必寫出自己「待機心理」的四大項，以提高自我的學習動機。

第2章　總結

●開始看書之前先設定「待機心理」（充分準備的心情）。

●「待機心理」是由「目的」、「環境」、「期望」、「夢想藍圖」四大項目所構成的。

●看書的「目的」能夠明確，學習速度就能提升。

●給予肯定支持的人越多，「目的」就越容易達成。

●決定「目的」後，就規劃「目標」（路標）與「手段」（具體的行動）。

●「目的」不是「應該～」而是以「想做～」來呈現。

●運用「五感」想像，讓自己到達終點的未來畫面更為逼真。

第 3 章

建立「速習腦」的方法②

Step 2：Priming effect

針對要閱讀的書進行「熱機」

1 運用「熱機效應」能加快閱讀速度

開始速習法的第一步是「建立待機心理狀態」，接下來我們要進入「如何閱讀」的實踐方法。

首先要介紹的是「啟動熱機效應」的方法。給予自己先行的刺激，閱讀就能順暢地進行。即使每次你都會中途就放棄，但只要你能夠運用這種方法，一定能順利地閱讀到最後。

以「快速瀏覽」加速理解

應該有很多人都知道「十次問答」的遊戲吧。事實上這個遊戲就是從運用「熱機效應」的「先行刺激」而來的。

「『手鐲』說十次！」

「手鐲、手鐲、手鐲、手鐲……」

「（邊指著手肘）這裡叫什麼？」

「手鐲！」

「答錯了！這裡叫手肘！」

「『產生』說十次！」

「產生、產生、產生、產生……」

「婦女生下小嬰兒稱為什麼？」

「產生！」

「答錯了！是生產！」

會把手肘錯答成「手鐲」，是由於一開始重覆了十次「手鐲」，因而產生「先行刺激」的影響。同樣地，「婦女生下小嬰兒」誤答為「產生」，也是因為受了「產生」的「先行刺激」（先行的事物稱之為「熱機」）。

所謂「熱機效應」就是「先行刺激的行為，影響了後續發生刺激的處理」。

說得更白話一點，就是——

「曾經看過而有印象的東西，第二次看時就變得比較容易」。

先預習再上課理解度會更深刻，也是同樣的道理。

比方說，「記○力」當中空一字的狀況下，你可能會立刻推斷「中間的字會不會是『憶』？」這是因為，這本書在談的是有關「記憶」的內容，這個詞因而產生先行刺激的效果。

另外，旅行時回程通常會覺得比去程短也是同樣的效果。

人類大腦會把即使是瞬間看到或聽到的訊息也會視為是「熱機記憶」來儲存（因為是下意識記憶的訊息，所以並非半永久性的記憶儲存）。

也就是說，**讀書之前，先快速地把全書瀏覽一遍，找尋和「目的」有關的關鍵字**（先行刺激），就能使熱機的效果提升（沒辦法決定關鍵字的人，

大致瀏覽能產生閱讀時的「熱機效果」

即使並非有意識地記憶閱讀內容，仍然會產生「熱機記憶」暫存在大腦。

先快速地把全書瀏覽一遍，就能使熱機效果提升。先決定「關鍵字」，效果會更顯著。

可先以封面或書腰上的文字當作關鍵字試試看）。

如此一來，**關鍵字將被視為「熱機記憶」的記錄來處理**，接下來翻開書頁開始閱讀時，將更容易理解內容。

Point

不是一下子就進入閱讀，閱讀前要先大致瀏覽。

有才幹的人，能在短時間內掌握工作全貌

在這裡，我要先介紹一個運用「大致瀏覽」的方法，使得工作評價大幅提升的學員Y的案例。

有一次，學員Y小姐臨時被指定擔任會議的議程記錄。但是Y小姐並不知道此次會議的流程，以及前一次會議的內容，除此之外，還要面臨十分鐘

後會議就要開始的緊急狀態……。Y小姐於是先影印了過去幾個月的會議記錄（A4，約一百頁左右），然後**一頁以兩、三秒的速度「大致瀏覽」**。

當瀏覽中出現不懂的英文單字或縮寫時，她也完全不予理會。就這麼瀏覽過一遍時，腦海中逐漸浮現出幾個「關鍵字」。

接下來她再度以一頁兩、三秒的速度進行第二遍的「大致瀏覽」。這一次主要是尋找關鍵字，然後在關鍵字上用紅筆畫圈作記號。而她畫上記號的內容，主要是「上個月的檢討事項」……。

當會議最後，Y小姐發言「請討論一下上個月會議記錄中的檢討事項，以進行確認」時，社長和與會人員全都驚訝地讚嘆：「真厲害！雖然只是代理出席會議，之前的會議記錄竟然都仔細讀過了！」因此獲得一致的好評。

2 運用「待機」和「熱機效應」閱讀

比較兩種閱讀方式的讀後感

接下來我們比較一下「一般的看書」以及「運用待機及熱機效應來讀書」兩種方式的差異。

希望各位能體會出「哪一種閱讀方式理解度較高」或「哪一種閱讀速度較快」。而後者的閱讀方式正是「速習法」的基礎。

一開始先用平常的方式閱讀，之後再運用待機及熱機效應來閱讀看看，然後比較讀後感。

【一般的閱讀法】

❶準備一本想讀的書（選擇一本從未讀過，而且以目前的語彙能力是能夠順利閱讀的書）。

❷選擇一個想讀的章節，以**兩分鐘的時間**照平常的方式閱讀。

❸讀了幾行？將行數記錄下來。

【運用待機及熱機效應的閱讀】※速習法的基本閱讀法

❶挑選同一本書的「另一個章節」。

❷先想一想「為什麼想讀這個章節？」**確認閱讀目的**。

❸先看目錄，**推論**「這一章大概是什麼內容？」

❹想一想讀完這一章，我會**獲得什麼報酬（獎賞）**？

❺把2～4項所思考的事項（**目的、推論的內容、報酬**），記錄下來（以文字記錄更能增強動機意識）。

❻啟動熱機引擎。**以直覺尋找可能和目的有關的「關鍵字」**，快速瀏覽選定的章節。關鍵字的內容，只要掌握「大概」就可以了，就算是看漏了也沒

關係。比起「閱讀」，不如說是快速瀏覽一遍的感覺。

❼快速瀏覽一遍後，重新回到該章節的最初，**在兩分鐘內**，照平常方式閱讀。

❽記錄所閱讀的行數。

進行過兩種閱讀方式後，大部分的學員都表示**「運用待機及熱機效應的方式，閱讀的行數比較多」**。

但是其中也有人正好相反，「閱讀的行數反而比較少」。雖然有人表示「行數反而減少，不能稱為速讀」。但是閱讀行數縱使減少，卻能夠體會到**「運用待機及熱機效應來閱讀，確實能夠理解所閱讀的內容」**。

那麼，究竟為什麼閱讀行數反而會減少呢？

按照「待機及熱機效應」的順序進行閱讀時，因為我們的眼睛會下意識地去捕捉「對於達成目的上有必要的內容」，所以自然地判斷出「要詳加理解這裡所寫著的內容會比較好」。

換句話說，由於**「必要的部分無法置之不理地跳讀」**、**「重要的內容自**

速習法的基本步驟

步驟①

設定「待機心理狀態」

思考讀書的目的，
「為什麼讀這本書？」
↓
從「目錄」去推論「這本書有什麼樣的內容？」
↓
想一想讀完這本書之後，
「可以獲得什麼樣的報酬？」

為了○○○○來讀這本書吧。
讀完之後，應該可以得到○○○○報酬。

步驟②

啟動「熱機引擎」

想一想和「達成目的」有關的「關鍵字」（封面或書腰等的文字也可以）
↓
以找尋「關鍵字」的感覺快速瀏覽。

然會吸引目光停留」，此時閱讀速度會「暫時性」地變慢。

Point

運用速習法閱讀時，不會跳過重點。

明明是速習法，卻讀不快的原因是？

如同第1章說明過的，速習法的目的並不只是「快速地閱讀」。最終的主要目的畢竟還是在於「理解度」。

因此，一開始雖然無法閱讀得很快速，但只要多閱讀，當**「既有知識」（已經具備的知識）增加越多，「中途停頓」的次數就會變少，自然就會達到速習效果**。

設定好「待機狀態」後，先大致瀏覽、尋找關鍵字（先行刺激），這個作法因為必須花費「準備時間」，所以無法立即閱讀得很快速。

但是，只要習慣這樣的閱讀方式，閱讀過的內容較容易保留在記憶中，又因為「知識不斷累積」，因此閱讀速度及理解能力，也能確實地提升。

Point

只有快速地儲存必要知識的，才是速習法。

3 「熱機」的具體作法

快速瀏覽刺激「熱機記憶」

接下來要具體解說該如何啟動「熱機狀態」。

一開始，請先大致瀏覽，以「直覺」判斷「哪些部分的內容可能很重要」，以**「大略翻過去」**的感覺就可以了。

這個時候的重點，在於**決定哪一些是為了達成「目的」必要的關鍵字（或者是文章），以找尋關鍵字的感覺快速閱讀**。

以這樣的方式閱讀，一定比單純地瀏覽一遍，更容易刺激熱機記憶。

比方說，如果是以了解「記憶結構」為「目的」而讀書的話，就要一邊尋找「記憶」的文字一邊翻閱書本。

「熱機狀態」設定法

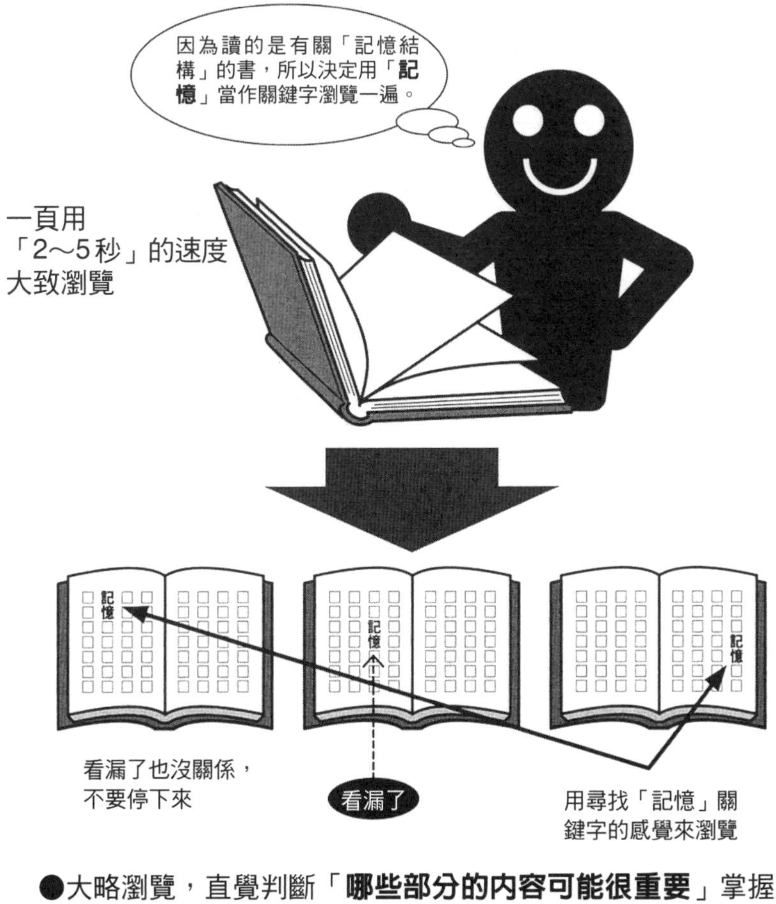
因為讀的是有關「記憶結構」的書，所以決定用「記憶」當作關鍵字瀏覽一遍。
一頁用
「2～5秒」的速度
大致瀏覽
記憶
記憶
記憶
看漏了也沒關係，
不要停下來
看漏了
用尋找「記憶」關
鍵字的感覺來瀏覽

- ●大略瀏覽，直覺判斷「**哪些部分的內容可能很重要**」掌握重點即可。
- ●決定關鍵字，以**尋找關鍵字的感覺**瀏覽第一遍，更容易刺激熱機記憶。

決定關鍵字的方法

要是不知道如何決定關鍵字，可以參考封面或書腰上的標題，以本書來說，「大腦」、「速習法」等就可以當作關鍵字。

另外，像我前面介紹過的Y小姐般（參考１１８頁）一再反覆「大致瀏覽」的過程中，關鍵字也會自然浮現腦海。

由於主要目的是給予腦部「先行刺激」，所以就算關鍵字看漏了也無所謂，手不要停，只要一直快速翻閱過去就可以了。

速度大約**控制在一頁二～五秒左右，因此一本兩百頁左右的書籍，大約十分鐘**就可以閱讀完畢。

正式開跑前先看「場地」

速習法的熱機階段，就像是**正式閱讀書本前先「預習」**的感覺。

因為即使是參加F1賽車或馬拉松比賽，至少都必須在賽前先熟悉一下場地。冒冒失失地直接上場，很容易會因為碰到意想不到的障礙，或是速度分配不當以致中途棄權。

讀書也是一樣的，事先預習、掌握住**「在這本書裡，大概寫著這樣的內容，整體的風格、走向的感覺」**。

以這樣的方式來閱讀，當閱讀第二遍時吸收率就會增強。

4 如何篩選「目前最適合你的書」

買書要符合「既有的知識程度」

在第3章的最後，我要介紹如何選擇「現階段最適合你的書」。

亞馬遜等網路書店上都會提供「讀者書評」。書評當中有正反兩面的評價，閱讀同一本書，有「太好看了」給予★五顆星的推薦，當然也有「毫無閱讀價值」★一顆星評鑑的不予推薦。

★評等的數量，其實會受到「既有知識量」的影響。

連高爾夫球桿都沒握過的人，即使閱讀「規則指南」或「球場攻略」等書籍也會感到「枯燥乏味」；相反地，差點（Handicap）在十桿以內的高手，回頭來讀入門書也會感到「一點都不吸引人」。

換句話說，**比自己的「既有知識」程度過低或過高，是讓人感到一本書「有趣不有趣」**的原因。

選擇書籍時，雖然大前提是「寫著自己想知道的內容」、「書裡有達成目的所須的訊息」、「補充現有知識不足的部分」；但是如果不符合**「既有的知識程度」**，也一定會讓人感到「無趣」。

因此，選書時應該注意以下重點。

【選書的方法❶……閱讀目錄】

透過閱讀目錄選書時，不要選擇**「不了解的詞彙過多」的書籍**。

另外，也不要選擇**「無法從目錄了解內容架構的書」**。「速習法」是**藉由「目錄」來推論「書籍內容」**，所以章節不清楚，也沒有小標題的書籍並不適合。

【選書的方法❷……閱讀「前言」及「後記」】

「前言」或「後記」呈現出作者對這本書的「思考」。明瞭「作者是以什麼樣的想法寫這本書」、「是寫給什麼樣的讀者看的」、「這本書裡寫著什麼樣的內容？」就能夠**判斷「自己是否是作者寫書的目標對象」**。

【選書的方法❸……講求作者的專業知識與素養】

我是學習認知心理學及腦科學，進而開設「速習講座」的「速習法」專家。因此，我所出版的「讀書法書籍」是具有學術基礎的。

但是，如果我因為最近熱衷於高爾夫運動，所以就寫「以挖起桿擊出一百二十碼的書」，大概連一本也賣不出去。這是因為我並非「高爾夫球的專家」，讀者對我的信任度當然很低。

雖然有些作家多才多藝，能夠書寫橫跨多種領域的書籍。不過，如果你的既有知識還很缺乏，屬於初級程度時，我想最好選擇**「該領域的專家」所寫的書，讀起來會比較容易掌握概念**。

【選書的方法❹……「自掏腰包購買」不要去圖書館借】

我的意思並不是說「不要去圖書館借書！」不過請你盡可能自掏腰包買書比較好。因為**花了錢買書，所以你的「讀書」動機將會大增**。

此外，看書不是「看完一次就夠了」，應該要反覆閱讀。所以**「同一本書必須讀很多次」**，這麼一來，每次都要去圖書館借書、還書，說實在會有點麻煩。

尤其是**「速習法」的基礎在「分散型讀書法」**（詳細請參考207頁）。因為要把書拆開閱讀，變成要讀好幾次，所以請把書買下來，隨時放在身邊，以便「想讀的時候就可以讀」。

Point

選錯了書，即使運用速習法也完全沒有意義。

第2章、第3章我以「建立速習腦的方法」為主題，說明了「看書以前應該要做哪些事」。你覺得如何呢?只要在讀書之前設定好待機狀態，做好熱機的準備，接下來看書速度就會加快，而且閱讀的深度也會加強。

你不需要擔心「準備動作這麼花時間，讀書花費的時間豈不是更增加了?」只要你用心做好事前準備，一定能夠逐步地看到效果。

那麼，讀書的準備動作已經完成，接下來我們就來學習，如何讓豐富的知識輸入你的腦袋。那麼，開始出發吧!

第3章　總結

●因為「有看過一次的印象，第二次閱讀變得更容易」，所以「大致瀏覽」能產生速讀的效果。

●人的大腦對於即使瞬間捕捉的訊息，也會當作「熱機記憶」而記錄在腦海中。

●決定關鍵字之後，進行「大致瀏覽」就容易熱機。

●運用「待機設定」及「熱機效應」，「重要部分」就不會看漏了。

●即使學習速習法，一開始也沒辦法快速閱讀。

●選擇購買符合「既有知識」程度的書籍。

第4章

透過速習法一年可以閱讀五〇〇本書的魔法

Step 3：Reading methods

- 蜻蜓點水式略讀
- 標靶式精讀
- 地毯式詳讀

1

速習法是將閱讀區分為「三種方法」的學習法

本章總算要開始說明閱讀的具體方法了。速習法的特點是閱讀方法不只一種，這是因為讀書的目的往往因書而異。**依據不同目的，選擇抵達目的的距離最短的捷徑是理所當然的**，因此速習法根據目的也會採取不同的閱讀方法。

符合目的和既有知識的程度，運用不同的閱讀法

「速習法」依據下列三種不同的方法，一方面增加「既有知識」，一方面尋求內容的理解及知識的牢記。

❶「蜻蜓點水式略讀」（掌握概要）

這種閱讀法是針對內容只做全盤而粗淺的理解。這是根據認知心理學的「由上而下的處理系統」理論的方法（只擷取大致輪廓）。

❷「標靶式精讀」（掌握細節）

針對重點部分內容加以深度理解的閱讀方式。這是以認知心理學的「由下而上的處理系統」為根據的方法。

❸「地毯式詳讀」（全面性閱讀）

從頭讀到尾不跳讀的方法（逐字追蹤＝摸索、臨摹）。

「速習法」的關鍵，就在於**依照「既有知識」（已具備的知識）量及目的，分別運用這三種閱讀方式**。

閱讀某一本書時，你可以將三種方法分別組合運用，或是傾全力只使用其中一種方法。

舉例來說，完全缺乏某個領域的既有知識時，可以重複運用「**蜻蜓點水式略讀**」，直到掌握該領域的「大致重點」，才改用「**標靶式精讀**」，讓自己精益求精。

如果本身已具備足夠的既有知識，只想「針對某個部分希望有更詳盡的了解」時，也可以只採取**「標靶式精讀」**。「看報紙時，有些用語還不太熟悉，想了解這個用語的意思」，這種時候只需使用**「標靶式精讀」**就可以了。

如果是閱讀小說，富情節性、或是有先後順序系列的書籍，就比較適合**「地毯式詳讀」**。

Point

速習法的方法有三種，必須因應不同情況靈活運用。

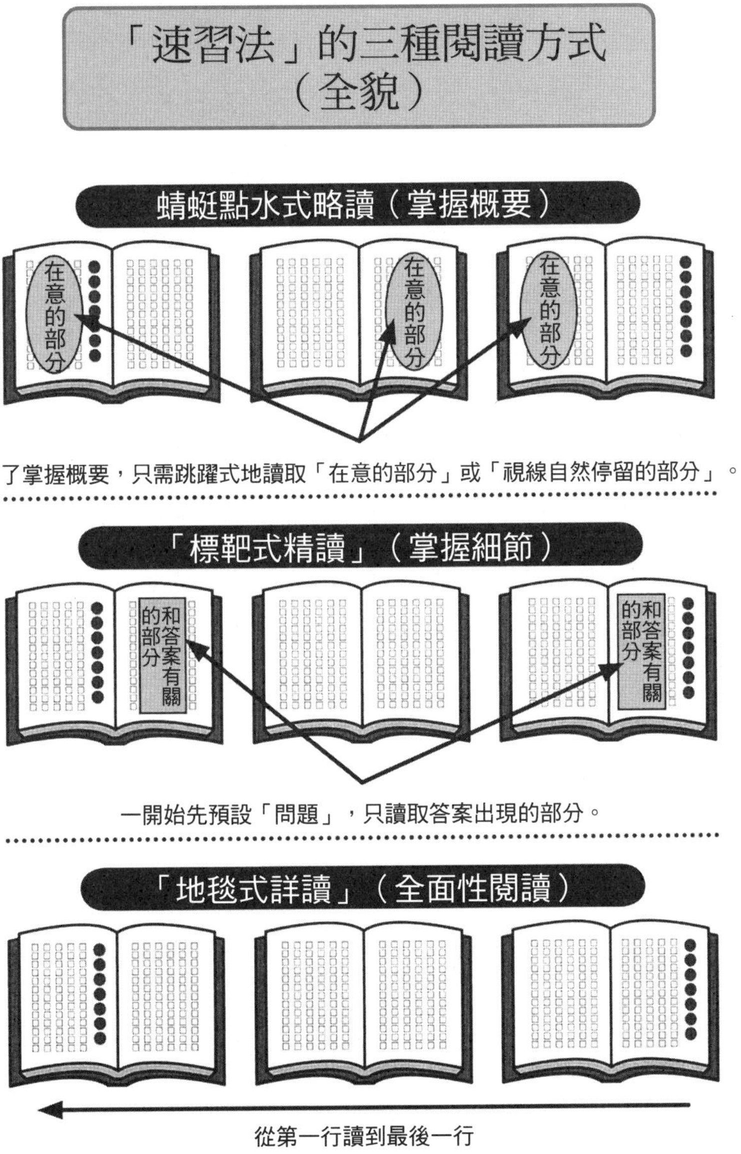
「速習法」的三種閱讀方式
（全貌）
蜻蜓點水式略讀（掌握概要）
在意的部分
在意的部分
在意的部分
為了掌握概要，只需跳躍式地讀取「在意的部分」或「視線自然停留的部分」。
「標靶式精讀」（掌握細節）
和答案有關的部分
和答案有關的部分
一開始先預設「問題」，只讀取答案出現的部分。
「地毯式詳讀」（全面性閱讀）
從第一行讀到最後一行

2

學習的第一步是「掌握概要」

和理解息息相關的「四個程序」

當我們去理解事物的時候，多半都依循著下列的四個程序。或許你會感到有些意外，不過理解的程序實際上只有這四個而已。

❶讀取大腦記憶庫中的「既有知識」。
❷核對所讀取的「既有知識」，「推論」出「這是怎麼一回事」。
❸確認「推論」的結果，把「新知識」歸納到大腦資料庫。
❹新知識形成「既有知識」。

增加「既有知識」的四個程序

譬如說，遇到大塞車的時候……

有地理位置概念（既有知識）的人

① 從自己擁有的「既有知識」資料庫讀取繞道途徑

↓

② 從想到的繞道途徑中「推測」出「最佳路線」。

↓

③ 實際走走看「推測出的最佳路線」，以驗證這個「推論」是否正確？

↓

④ 如果推論正確，下次就可以選擇相同的路線，否則下次就選擇其他路線。

↓

推論的結果形成
「新知識」，累積儲存

如果你擁有大量的「既有知識」，等於擁有從各個角度來「推論」的能力，自然能更快作出結論。

比方說，完全沒有地理位置概念的人，遇到返鄉車潮時，只能無奈地隨著車潮龜速前進。然而，若是對於當地地理位置相當熟悉的人，就能運用「既有知識」，「推論」出避免塞車的最佳路線。

Point

預先掌控理解的流程。

缺乏基礎知識時，先大略地閱讀

那麼，想要理解「缺乏既有知識領域」和「既有知識領域」的知識，應當採取什麼樣組合的閱讀方式比較好呢？

我們不可能一開始就擁有「既有知識」。任何人一開始學習新領域的知識時，都是從「既有知識為零」的狀態開始的。

缺乏「既有知識」時，為了**掌握該領域的概要**，一定要從「入門基礎的書」開始著手，那麼即使不了解專業術語也能夠讀得懂。

由於**速習法是「累積知識的學習法」**，所以必須先打好能夠順利累積知識的根基（在認知心理學稱為「由上而下的系統處理」）。

從未學過稅務的人，若是想取得稅務師資格，在閱讀財務報表相關專業書籍之前，先從了解「稅務師是做哪些工作的人？」開始比較好。

不了解英語文法結構的人，在攻讀TOEIC對策的參考書之前，先回過頭來讀中學的英文課本或許才是上策。等英文能力達到中學的程度後，再進修高中程度的課本，提升足夠的「既有知識」後，再開始研讀參考書，理解能力絕對可以大幅提升。要知道，**就算你學會了「速習法」，突然要閱讀一本完全欠缺既有知識的書本，也不可能讀得很快速。**

Point

對於未知的領域，從漫畫等入門書開始。

「掌握概要」可以在「組織歸納」時進行即可

掌握概要時，**一面歸納整理訊息一面學習**效率較高。

「包爾的礦物記憶實驗」證明這一點（Bower, Clark, Lesgold, & Win-

包爾礦物記憶實驗

方法 A

藍寶石	石灰石	大理石
鋁	銅	金
青銅	白金	……

按照「排列順序」記憶礦物名稱

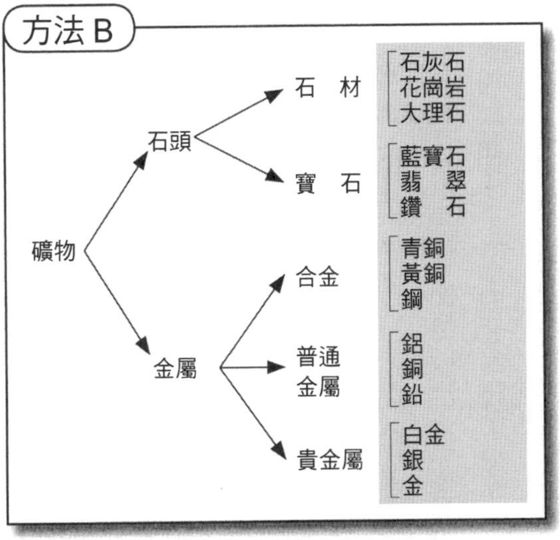
方法 B
礦物
石頭
金屬
石　材
寶　石
合金
普通
金屬
貴金屬
石灰石
花崗岩
大理石
藍寶石
翡　翠
鑽　石
青銅
黃銅
鋼
鋁
銅
鉛
白金
銀
金

礦物的名稱依照**「類別」歸納**後記憶（組織化的記憶方式）

方法 B 使用「給予關聯性的記憶」，比方法 A 記憶速度快上「兩倍」。

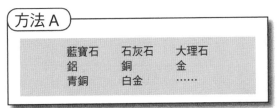

zenz，一九六九年由受試者記憶１１２個單字，一組受試者所看到的字是有組織性的；另一組受試者看到的字則是散亂的隨機排列。結果回憶時，看到有組織性排列資料的受試者表現較好）。

包爾等人使用「兩種方法」進行讓受測者記憶礦物名稱的實驗（參考１４７頁）。

【方法Ａ】……按照「排列順序」記憶礦物名稱

【方法Ｂ】……按照「項目別」記憶礦物名稱

實驗的結果，「方法Ｂ」的受測者，「比較不容易遺忘，容易回想起記住的事物」。

和零散的記憶方式相較之下，把要記憶的內容**根據其中的關聯性加以分類、整理，並有結構地加以記憶**，其學習效率要來得高。

在認知心理學當中，把這種「**依照關聯性加以分類、整理**」的過程，稱為「**組織歸納**」。

Point

思考新的知識和已具備的知識「如何聯結」。

「組織系統化」的思考方式

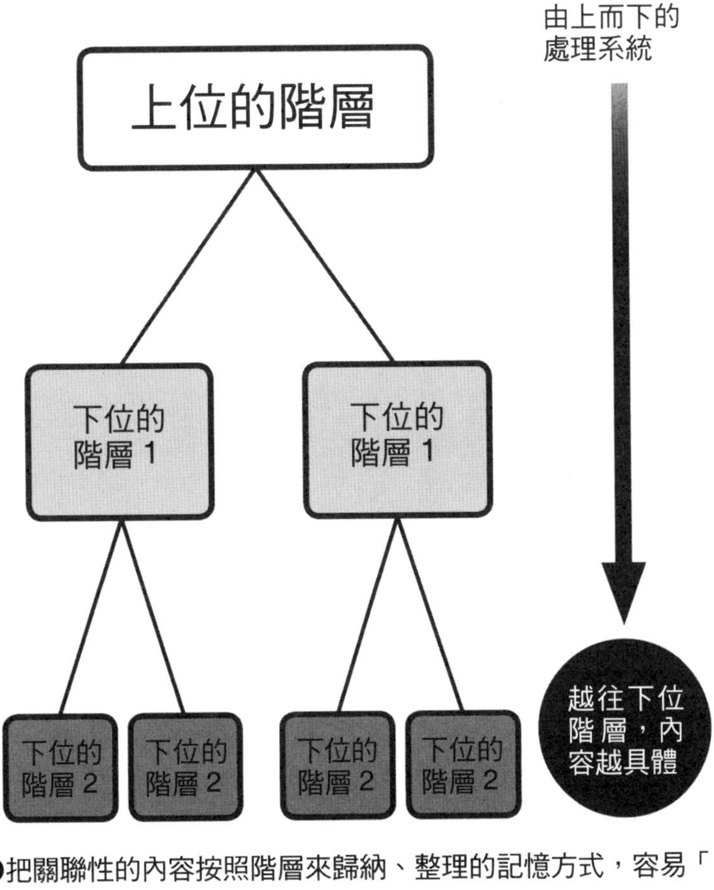
由上而下的
處理系統
上位的階層
下位的
階層 1
下位的
階層 1
下位的
階層 2
下位的
階層 2
下位的
階層 2
下位的
階層 2
越往下位
階層，內
容越具體

●把關聯性的內容按照階層來歸納、整理的記憶方式，容易「掌握概要」。

●加以「組織系統化」之後，能夠以「結構性」的方式記憶知識。

將「組織歸納」運用在一本書上

上一段我已經說明了掌握概要時，「把關聯性的內容加以分類」、「歸納」、「結構性記憶」的重要性。是否能做到這樣的「組織系統化」，對於理解度有很大的影響。如果能像151頁圖般在腦海中**依「書名」→「章節標題」→「大標題」→「小標題」的方式建立出層次，就能掌握概要**。

你一定去過遊樂園吧。首先，你會做什麼事情呢？是不是會**先看過遊樂園的整個地圖，確定什麼位置有什麼樣的遊樂設施**？然後，在腦海中描繪出一個概略的地圖，才開始繞著遊樂園玩，對不對？閱讀前掌握書籍的概要及歸納組織，就像是**看著全貌，在腦海中繪製內容綱要的地圖**一樣。

把書籍內容歸納組織、掌握概要，換句話說就是「掌握大方向」的方法，就是接下來我們要介紹的「蜻蜓點水式略讀」。

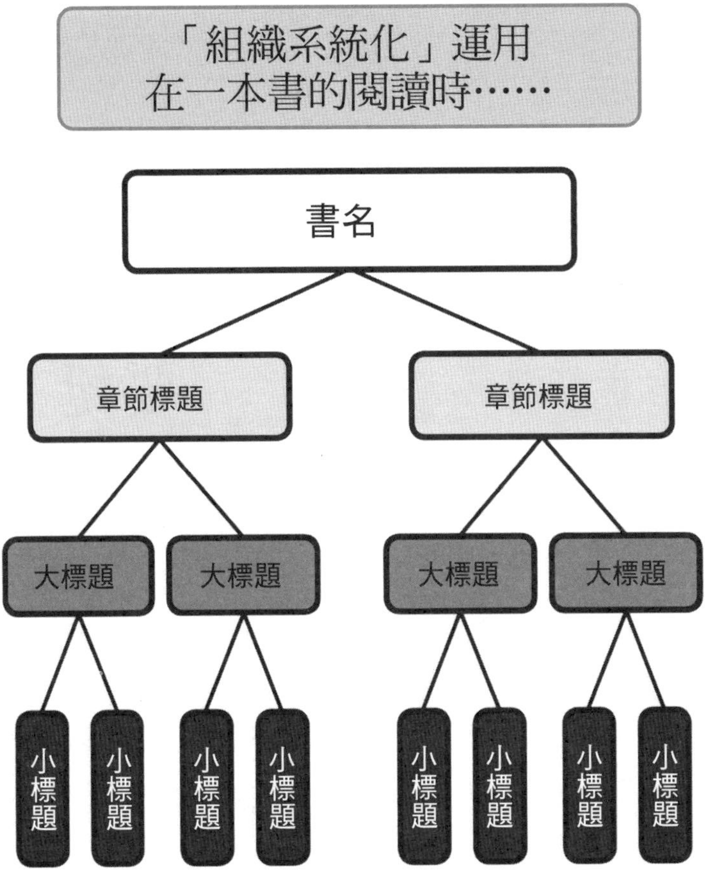

欠缺「既有知識」時，因為不容易了解「下位階層」的內容，所以有必要先學習「上位階層」。

↓

由上而下的系統處理

3 以「蜻蜓點水式略讀」掌握概要

缺乏「既有知識」時，先「大略性地」閱讀

「蜻蜓點水式略讀」是**「為了要掌握概要」**的閱讀方法。

這種閱讀方法是從認知心理學的「組織系統化」學習而來的閱讀方式。一面注意章節標題、大標題、小標題之間的關聯性及意義的同時，一面要有「結構性」地閱讀一本書的內容。

這種方式是當你完全欠缺某一領域的「既有知識」時，或是想確認「自己究竟擁有什麼樣的既有知識」時，最適合的閱讀方式。

「蜻蜓點水式略讀」步驟1

閱讀「目錄」（或是重寫容易理解的目錄）

由於目錄是「根據書籍內容（標題）所排序歸納出來的內容」，所以只需閱讀「目錄」，就可以大致掌握「這本書上究竟寫些什麼樣的內容」？閱讀目錄時，並不是從頭讀到尾依序閱讀，而是要**「一開始先閱讀所有的章節標題，然後再閱讀全部中標題，最後再細讀全部小標題」**。按照這樣的順序比較容易掌握概要。

不過，有些書籍並不會列出小標題。

當手上這本書的目錄中「並未列出全部的標題」時，不妨**「把所有內文的標題全部寫出來，自己列出能夠一目瞭然的目錄」**。

書寫的時候，**「一開始要先寫章節標題，其次列出中標題，最後再寫下小標題」**，這是寫標題時的重點。把書本來來回回翻閱找出標題時，同時進行的是蜻蜓點水式的略讀。

目錄的閱讀順序是大標題→小標題

書的目錄「不合適自己」或「難以推論內容」時，改以製作專屬的目錄會比較方便。
從①開始依序寫出「書的目錄」。

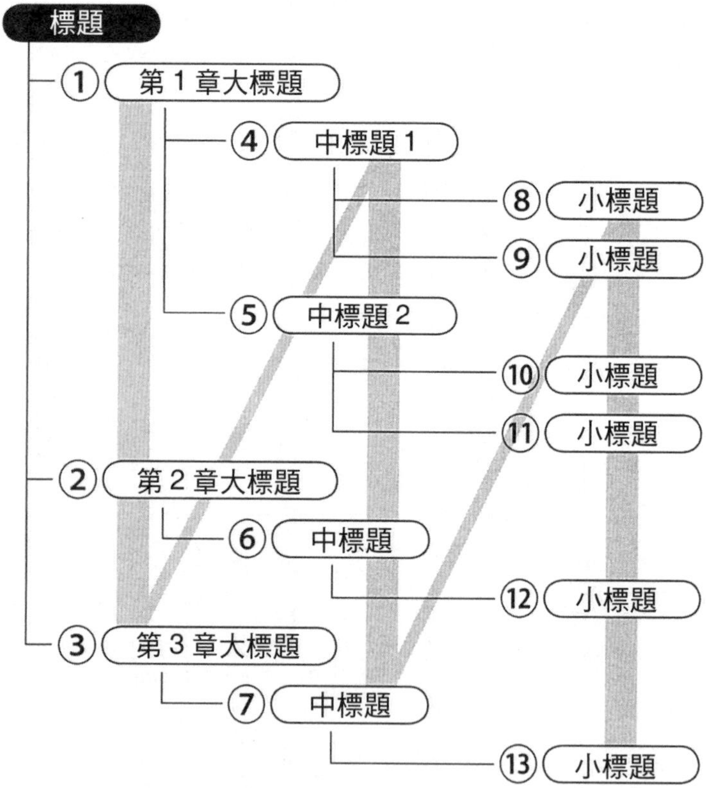

為了把書本的內容「組織系統化」，
建議製作本頁的「閱讀提示筆記」。

像這樣寫下標題及小標題的筆記，稱作「閱讀提示筆記」。標題的寫法，請參考154頁。

> **Point**
>
> 首先，徹底解析目錄。

「蜻蜓點水式略讀」步驟2

設定「待機心理狀態」

閱讀過目錄，了解「這本書大致的內容」後，接下來是要設定「待機心理狀態」。

【待機心理狀態】

❶確定目的。讀這本書是為了什麼？想獲得什麼樣的知識？

「待機心理狀態」的設定

「待機心理狀態」記錄卡

「書名：　　　　　　　　　　　」「作者：　　　　　　」

（閱讀日期：　　月　　日～　　月　　日）

目的	什麼原因？什麼目的要讀這本書？
推論	這本書裡，寫著什麼樣的內容？ （參考目錄內容想想看）
報酬	能夠獲得什麼樣的利益或報酬？

準備類似這樣的記錄卡。

❷推論並想像「讀完這本書後，能獲得什麼樣的知識」？

❸想想看讀完書後，「能夠獲得什麼利益」、「會擁有什麼樣的報酬（獎賞）」？

※可以把❶～❸的內容寫下來，或是告訴他人，以文字或話語把它再次地呈現，能夠增強自我的目的意識。

Point

仔細確認「為什麼要讀」這本書。

「蜻蜓點水式略讀」步驟3

大致瀏覽，刺激「熱機記憶」

先大致瀏覽，以「直覺」判斷「哪些部分的內容可能很重要」、「哪些部分大略翻看」就可以了。然後決定能夠達到「目的」的關鍵字，以尋找關鍵字的方式進行閱讀，如此一來，很容易刺激熱機記憶。

「蜻蜓點水式略讀」步驟4

進行蜻蜓點水式略讀（依照不同目的反覆數次）

由於先進行待機心理設定和熱機記憶，所以閱讀時目光焦點自然地會停留在「重要部分」。而且因為已經寫過了閱讀提示（以自己易於了解的方式編寫的目錄），因此對於內容結構（各章節的標題、主要內容）也更能容易理解。

也就是說容易掌握下列各點。

「哪個部分寫著什麼樣的內容」？
「為了達成目的的重要內容在哪裡」？
「為了增加既有知識應該閱讀的部分在哪裡」？

「蜻蜓點水式略讀」是以掌握概要為目的，閱讀時「讓目光容易停駐在重要內容」的方式。

閱讀時的訣竅是**「一面閱讀一面思考（或推論）小標題之所以出現的原因」**。一邊注意「小標題和內文之間的關係」一邊閱讀，是「蜻蜓點水式略讀」的關鍵。

比方說，閱讀本書的目的是「記住掌握概要的方法」，依照待機心理設定和熱機記憶，就能夠判斷出本書146頁處是「重要內容的之一」。

然後看到146頁的小標題寫著「『掌握概要』可以在『組織歸納』時進行即可」；接下來閱讀小標題底下的文章（本文）時，要一面讀一面思考——

・**「為什麼下這個小標題」**？
・**「這個小標題之後的文章，究竟會有什麼樣的內容」**？

一旦能夠以這樣的方法閱讀「小標題以下的文章」，就能更深入理解內容。

蜻蜓點水式略讀 4 步驟

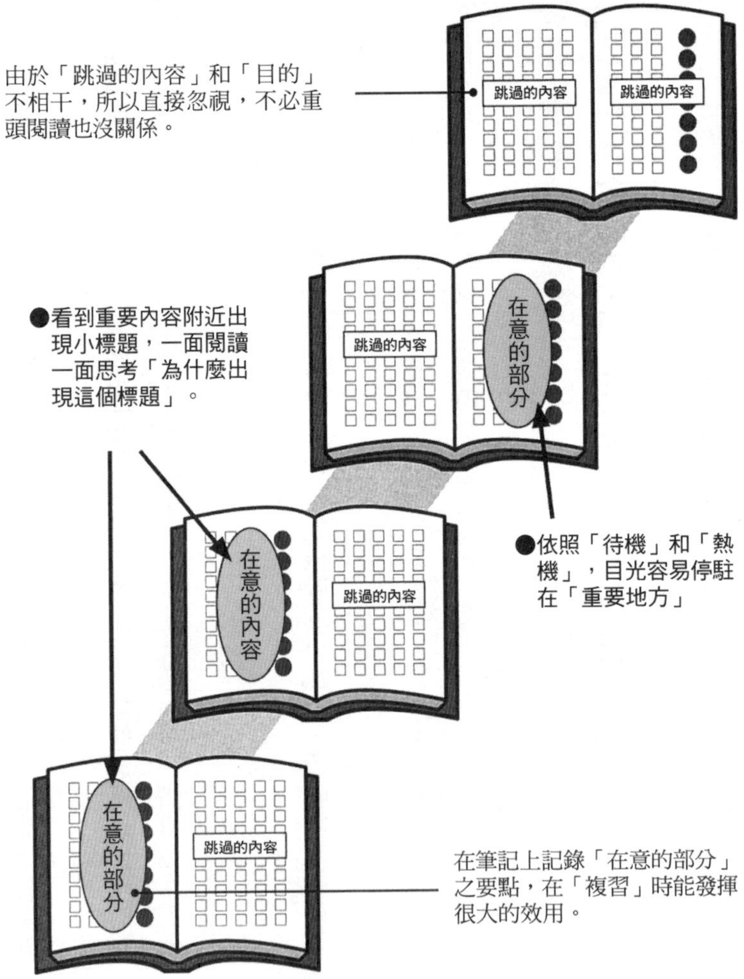
由於「跳過的內容」和「目的」不相干，所以直接忽視，不必重頭閱讀也沒關係。
跳過的內容
跳過的內容
●看到重要內容附近出現小標題，一面閱讀一面思考「為什麼出現這個標題」。
跳過的內容
在意的部分
●依照「待機」和「熱機」，目光容易停駐在「重要地方」
在意的內容
跳過的內容
在意的部分
跳過的內容
在筆記上記錄「在意的部分」之要點，在「複習」時能發揮很大的效用。

接下來，一邊看著小標題，一邊思考以下的「什麼」的意思，只要依照這樣的方式閱讀就好。

・所謂的「組織歸納」在掌握概要時對於「什麼」有效。
・這裡所說的有關「組織歸納」的內容，應該有著「什麼」理由。
・「組織歸納」一定是「認知心理學」中重要的「什麼」。

因為只閱讀和目的有關的內容，一定會出現「跳過的內容」，然而「跳過的內容」因為「和目的不相干」，所以不需要太過介意（要是非常介意的話，最後再進行「通讀」就可以）。

「蜻蜓點水式略讀」運用在練習「評量」或「測驗題庫」上，對學習也很有幫助。

為了通過公務員合格考試而學習「速習法」的學員浪波仁先生，他的學習方法是**「先練習題庫，記住大致的綱要」**。他說準備公務員考試的世界史、日本史等，只要能夠掌握「歷史的整體輪廓」，就可以增強對內容的理解度，也能因此而牢牢記住。

為了提高TOEIC分數，運用「速習法」的學員山口普一先生，他說自己**「利用三本測驗題庫，在TOEIC出題類型中，只針對自己較弱的項目進行略讀」**。

Point

一面閱讀一面思考，為什麼會出現這樣的小標題。

掌握概要時，閱讀「四本以上」同一領域的書

當你能夠掌握概要時，為了能夠學習到該領域知識的全貌，不妨閱讀「一本以上」（盡可能選擇不同作者的作品）來進行「蜻蜓點水式略讀」。如果只閱讀一本，或許只能得到單一作者的「偏見」，為了擴展知識的廣度與深度，要能掌握概要，請你**「至少閱讀四本」（可能的話最好是五本）同一領域的書籍**。

閱讀第一本書時由於缺乏「既有知識」，所以無法迅速地閱讀。

閱讀第二本書時，因為有第一本學到的「既有知識」為基礎，所以能夠發現「上一本書也寫著同樣的觀點」或「這是新的見解」等共通性或差異處。只要繼續閱讀第三本、第四本、第五本的話，就會發現知識不斷地擴展，可以強烈感受到閱讀速度的逐漸加快。

只要累積足夠的「既有知識」，便能夠決定訊息的取捨，比方說，「**這裡的內容已經了解了**，可以直接跳讀過去」或「這裡是新知識要好好記住」等等。

正在學習物理和分子生物的學員安部禪子表示，「學習完全欠缺基礎知識的領域時，我會設法運用**十本以上**的同類型書籍做蜻蜓點水式的略讀」。此外，學員林貴士則說：「學習新知識時我會去圖書館，把相關的書**一本接一本地做蜻蜓點水式略讀**，光是這麼做讓我很不可思議地就了解概要了。」

Point

想要掌握概要，同一領域的書必須閱讀四本以上。

「掌握概要」時，如果能將重點「組織歸納」將更容易理解

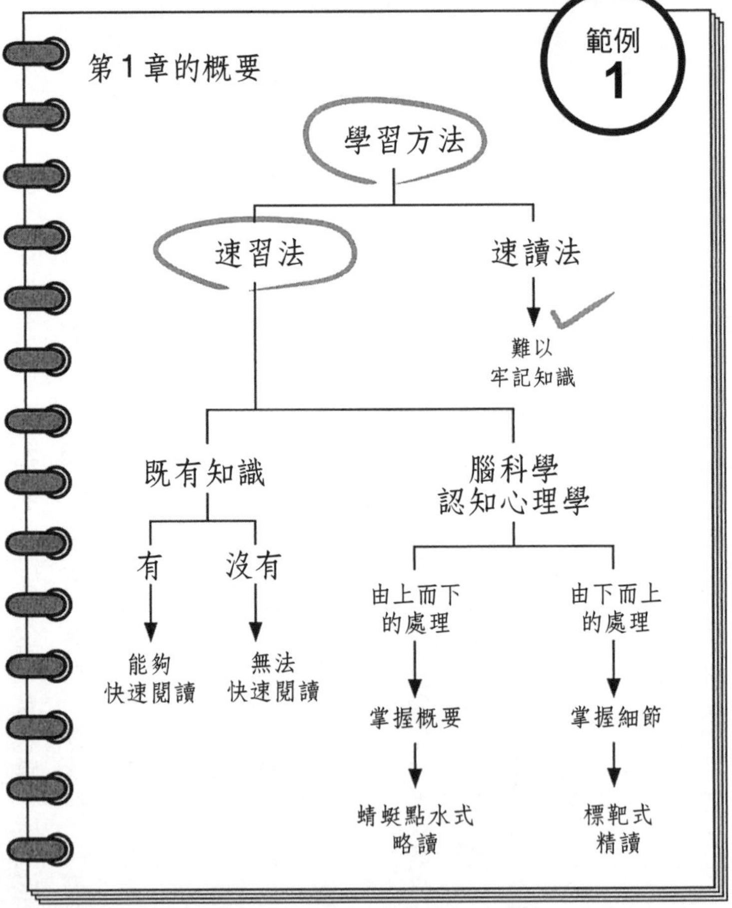
範例
1
第1章的概要
學習方法
速習法
速讀法
難以
牢記知識
既有知識
腦科學
認知心理學
有
沒有
能夠
快速閱讀
無法
快速閱讀
由上而下
的處理
由下而上
的處理
掌握概要
掌握細節
蜻蜓點水式
略讀
標靶式
精讀

性」地做歸納是重點

以「本書」第 1 章的內容為例
筆記的作法（範例）

範例
2

第 1 章的概要

「速習法的結構」

● 速習法是牢記知識的一種閱讀方法。

所謂「既有知識」，是指已具備的知識。

- 大量閱讀能累積既有知識，閱讀速度就會加快。
- 「既有知識」增加，創造力也會變得更豐富。
- 「既有知識」量不同，掌握事物的方法會改變。

● 速習法是根據腦科學及認知心理學而研發出的讀書方法。

理解事物時，由上而下的處理及由下而上的處理的組合運用極為重要。

掌握概要。
適合掌握概要的閱讀方式是
→蜻蜓點水式略讀

掌握細節。
適合掌握細節的閱讀方式是
→標靶式精讀

將要點加以「結構

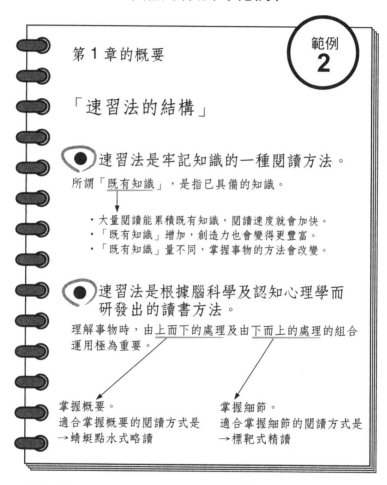

「蜻蜓點水式略讀」步驟5

寫下理解的重點，在筆記上「組織歸納」

運用蜻蜓點水式略讀的方式所理解出的重點，請把它寫在筆記本上。因為不光是只有閱讀，書寫下來更容易牢記在腦海中。另外，重新閱讀筆記時，因為容易回想起內容，也對「複習」上能更具立竿見影的效果。

蜻蜓點水式略讀是合乎認知心理學的「由上而下的處理」（參考第47頁）論點的閱讀方法。相信你已經了解掌握概要時，把訊息間有關聯性的內容加以分類、整理、做有結構地記憶，學習效率絕對能夠大大提升。

因此，**我認為如果能把理解的重點，仿照151頁「組織歸納」**（有關分類、歸納，請參考147頁）後記錄在筆記上，我想一定更容易「掌握概要」。

Point

運用筆記「輸出」，速習效果非同凡響。

4 新知識如果和「自己的知識」相關就能記得住

要掌握概要時，也就是想要大致理解整體內容時，適合運用「蜻蜓點水式略讀」。

那麼，當我們想進一步了解細節的時候，又適合運用哪一種閱讀方式呢？

首先，我們來看看「掌握細節」的結構。

「掌握細節」時需邊將知識「精緻化」

具備基礎的、入門的「既有知識」（已具備的知識），就容易記住相關的事物。既有知識越多，更能夠和大量的事物「相互聯結」，可想而知也容易牢記在腦海中。

譬如說，對汽車毫無興趣的人，聽到「賓士」，能夠聯結的「既有知識」大概只有「有錢人常開的車子」。

但是精通汽車的人，就會聯結到——

「世界公認最早誕生的汽車」。

「安全性高」。

「德國車」。

「曾經搭過兩次賓士」。

「C-Class 的價格在一百九十九萬元以上」。

等等各種相關的「既有知識」。

認知心理學把這種和「既有知識」聯結的行為稱作「精緻化（elaboration）」。「精緻化」對於「想要深度理解局部內容（掌握細節）」極為有效。

通過「侍酒師檢定考試」的學員Y．I，利用世界地圖，學習有關紅酒的基本知識後，他表示：「閱讀世界地圖以外的各種書籍時，**應該熟記的事物變得富有故事性及關聯性**。」從其他書籍中所獲得的知識由於和藉由「世界地圖」所熟記的知識相互聯結，使得理解更為深刻。

Point

學習新事物時，記得要和已知事物做聯結。

精緻化的思考方式

所謂「精緻化」，就是聯結各種「既有知識」，
以利於「更容易牢記」。

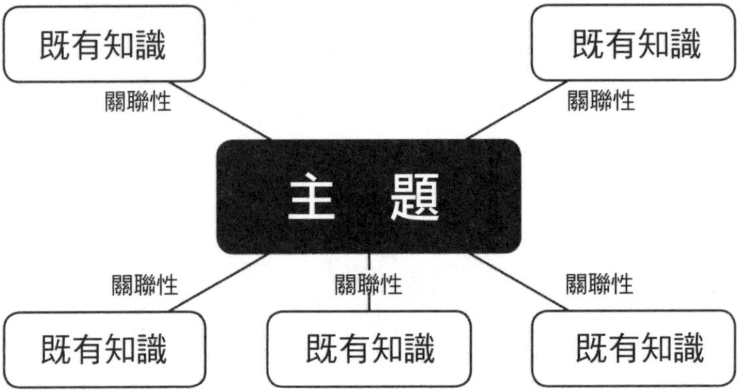

- 有關聯性的訊息越多，越容易回想起來。
- 有關聯性的訊息越多，能夠理解得「更詳細」（掌握細節）。

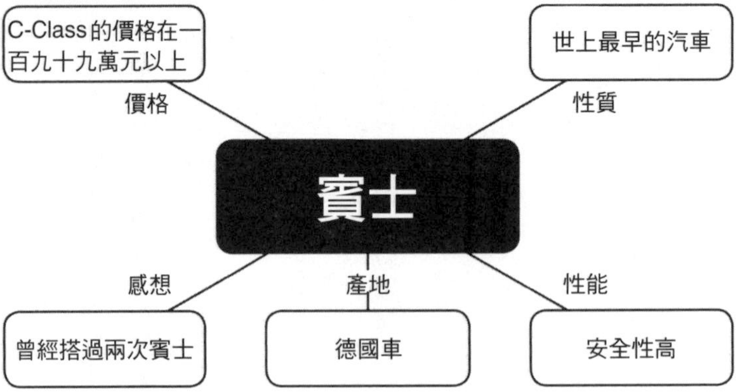

5 運用「標靶式精讀」掌握細節

把「問題」×「答案」視為套裝組合，使用「情節記憶」

標靶式精讀就像上一節內容所提到的以「精緻化」為基礎的閱讀方式，同時也是**「一面更加理解部分內容一面閱讀」**的方法。重點在於把作者和讀者的關係視為「老師與學生」，就像**「課堂上進行問答」**般的閱讀方式。

「標靶式精讀」是**「設定一個以上的問題（＝靶心），然後反覆進行自問自答的模式」**。就如同「不明白的地方向老師提問般」地閱讀。

閱讀方式從步驟1到步驟3都和「蜻蜓點水式略讀」的步驟相同。步驟4則是只針對符合所設定「問題」的答案，做詳盡的閱讀，目標集中在累積「既有知識」上。

「標靶式精讀」步驟1

閱讀「目錄」（寫出標題）

閱讀目錄，或是依照自己的方式製作出目錄，以事先掌握「這本書究竟寫些什麼樣的內容」。

Point

對於眼前的書，先設法掌握「內容」。

「標靶式精讀」步驟2

設定「待機心理狀態」

❶確定目的。讀這本書是為了什麼？想獲得什麼樣的知識？
❷推論並想像「讀完這本書後，能獲得什麼樣的知識」？
❸想想看讀完書後，「能夠獲得什麼利益」、「會擁有什麼樣的報酬（獎賞）」？

※可以把❶～❸的內容寫下來，或是告訴他人，訴諸文字或話語後，能夠提高自我目的意識。

「標靶式精讀」步驟3

大致瀏覽，刺激「熱機記憶」

先大致瀏覽，以「直覺」判斷「哪些部分的內容可能很重要」，以「大略翻過」的方式閱讀就好。只要確定好關鍵字，很容易就能刺激熱機記憶。

・適當的速度為大約一頁控制在二～五秒左右（兩百頁左右的書籍，大約十分鐘）。

「標靶式精讀」步驟4

設定幾個問題，尋找解答

標靶式精讀是以問題為目標，就像**「尋找問題的答案」**般地進行閱讀。為什麼要以這種方式進行閱讀呢？這是因為以「問題和答案」的組合形式閱讀，能夠化為一種「讀書經驗」，可以應用在「情節記憶」（關於情節記憶在２０４頁有詳細說明）。

一般認為，知識如果是以「伴隨經驗而來的記憶」來記憶，比較不容易遺忘。

步驟4的程序是**「先設定問題，思考和問題有關的關鍵字，閱讀關鍵字出現的前後內容」**。

比方說，閱讀有關「讀書法」的相關書籍，可以設定類似下列的問題

（問題數量根據目的決定）。

問題❶有沒有快速閱讀的方法？

問題❷為什麼大腦曾經記住的內容會遺忘呢？

問題❸想了解「預習」和「複習」的方法。

設定問題後，首先思考和「問題❶」有關的關鍵字（設定的關鍵字和熱機狀態時相同也沒關係）。

要是腦中浮現「書」、「閱讀方法」、「讀書術」、「速讀」等關鍵字，就循著這些關鍵字來看書。

發現和關鍵字相干的內容時，前後文應該寫著「問題的答案」才是。

發現「問題❶」的答案後，其次尋找和「問題❷」關聯的「腦」、「記憶」等關鍵字，接下來再繼續運用「問題❸」的「預習」、「複習」、「輸出」等關鍵字，尋找各別的答案。

Point

「一邊設定問題，一邊和書本進行對話。」

「標靶式精讀」
步驟 4

設定問題，
然後就像「尋找解答」般地閱讀。

問題 閱讀與「讀書法」有關的書，
想瞭解是否有
「在短時間內閱讀大量書籍的方法」？

因為這裡出現「讀書」這個關鍵字，可以推論前後文應當有「預設問題的答案」。

**決定「關鍵字」後，只要發現關鍵字，
就閱讀該處的前後文。**

研讀工作相關資料時，使用「標靶式精讀」很有效

研讀和工作相關的資料時，使用「標靶式精讀」格外有效。

參加速習法訓練的學員藤野緋沙子表示：「研讀相當花費時間的工作資料時，我會先用蜻蜓點水式略讀掌握整體概要，擷取重點，然後再根據重點**設定『解決課題的假設』，進行標靶式精讀**。這樣在閱讀的過程中，往往能夠發現解決問題之道。」

同樣地，學員Y．S也是在進行「大量的資料變更」時，採取標靶式精讀策略。她先找出「和變更事項相關的內容」，再一一貼上提示的便利貼。由於她尋找出變更內容的作業迅速，使得在一旁觀看的同事不免訝異地詢問：**「究竟她施了什麼魔法？」**

「標靶式精讀」步驟5

寫下理解要點，將筆記精緻化

接下來請參考下一頁的「閱讀提示」，寫下「問題（目標）和答案」。另外，先將和問題相關的關鍵字加以「精緻化」也會很有效果。所謂「精緻化」就是和既有知識相互聯結（參考167頁）。由於個人經驗將因此累積，所以更容易想起來。

附帶一提，為了學習而進行複習的筆記不妨準備兩本。

一本是——

・「**蜻蜓點水式略讀**」**用筆記**

……以編排自己所需的目錄，組織歸納全書概要為主要功能的筆記。

一本是——

・「**標靶式精讀**」**用筆記**

……將內容以「問題×答案」的格式書寫，並將內容精緻化的筆記。

進行「掌握細節」時，把要點「精緻化」將更容易理解

以「本書」的內容為例的筆記法（範例）

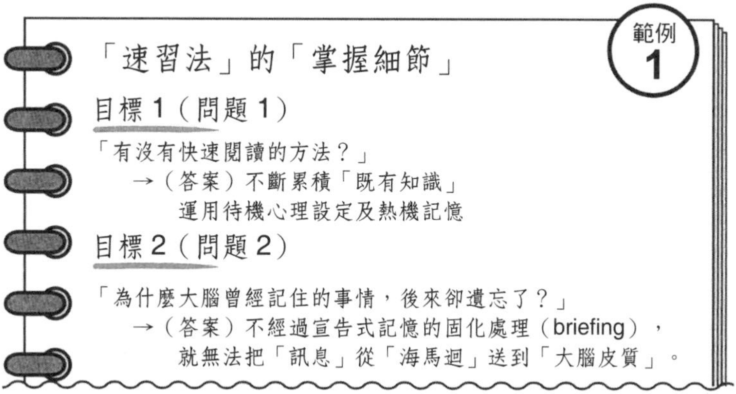
範例
1
「速習法」的「掌握細節」
目標 1（問題 1）
「有沒有快速閱讀的方法？」
→（答案）不斷累積「既有知識」
運用待機心理設定及熱機記憶
目標 2（問題 2）
「為什麼大腦曾經記住的事情，後來卻遺忘了？」
→（答案）不經過宣告式記憶的固化處理（briefing），
就無法把「訊息」從「海馬迴」送到「大腦皮質」。

把「問題」和「答案」分開，整理在筆記上。

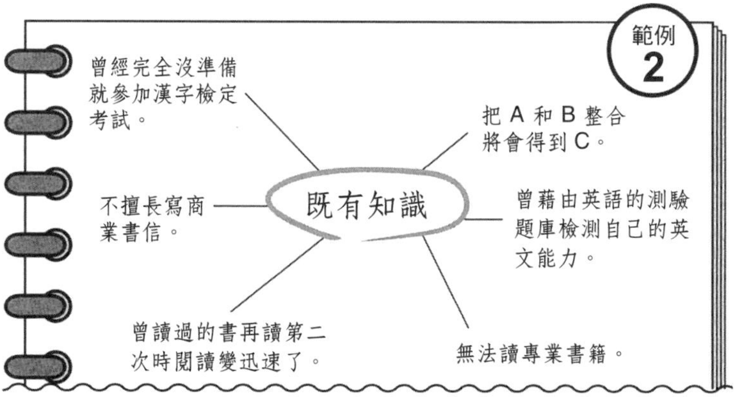
範例
2
既有知識
曾經完全沒準備就參加漢字檢定考試。
把 A 和 B 整合將會得到 C。
不擅長寫商業書信。
曾藉由英語的測驗題庫檢測自己的英文能力。
曾讀過的書再讀第二次時閱讀變迅速了。
無法讀專業書籍。

為了加強對「既有知識」的理解，和自身的經驗聯結（精緻化）。

6 運用「地毯式詳讀」徹頭徹尾地閱讀

有些狀況下從頭讀到尾反而比較快

第三種閱讀方式是「地毯式詳讀」，也就是「通讀」。所謂通讀，顧名思義就是「從頭讀到尾」。

像閱讀「小說」之類的書籍，**「不要跳過去比較好」的情況下，就適合採取「通讀」**。小說等情節性強的書籍，因為有必要了解前因後果，如果採「跳讀」的方式大概就一點樂趣都沒有了。

也許有人會說「採取通讀的話，閱讀速度不是會變慢嗎？」其實沒有這種事。對於該領域完全不具專業知識，或是第一次閱讀該作者的作品時，如果不好好地循著文章脈絡閱讀，反而容易陷入一個字也記不住的狀況。

另外，採用「蜻蜓點水式略讀」因為跳讀而感到不安，或是採取蜻蜓點水式略讀及標靶式精讀想「複習」時，也可以運用地毯式詳讀。

參加「速習講座」的學員林貴士表示：「對幾個比較在意部分，在大略讀過之後可以再通讀一遍，會有『沒錯沒錯，這個我知道』的體會，感覺更容易牢記了。」

地毯式詳讀的作法

接下來要談的是地毯式詳讀的方法。在**步驟1～3**上和「**蜻蜓點水式略讀**」、「**標靶式精讀**」相同。

步驟4則是**從書本的第一頁逐字讀到最後一頁**。

「地毯式詳讀」步驟1

閱讀「目錄」（寫出標題）

閱讀目錄，或是依照自己的方式製作標題，掌握「這本書上究竟寫什麼樣的內容」。

「地毯式詳讀」步驟2

設定「待機心理狀態」

❶確定目的。讀這本書是為了什麼？想獲得什麼樣的知識？

❷推論並想像「讀完這本書後，能獲得什麼樣的知識」？

❸想想看讀完書後，「能夠獲得什麼利益」、「會擁有什麼樣的報酬（獎賞）」。

「地毯式詳讀」步驟3

大致瀏覽，刺激「熱機記憶」

先大致瀏覽，以「直覺」判斷「哪些部分的內容可能很重要」，「大略地翻過去」就可以了。只要確定好關鍵字，很容易刺激熱機記憶。

「地毯式詳讀」步驟4

用手指順著文字閱讀

從這個步驟開始是地毯式詳讀的特徵。

通讀時**用手指或鉛筆、原子筆等一邊順著文字一邊閱讀**，將能夠讀得更快。這是因為用手或用筆尖追著文字，眼球的動作能夠更順暢。

反覆練習這個動作後，眼球動作能夠變得更為靈活。一旦熟練後，即使不用手指引導也能讀得很快速。

Point

雖然是很簡單的動作，只需用手指輔助就不會產生跳讀的現象。

「地毯式詳讀」
步驟 4

用手指或原子筆筆尖等
「一邊順著文字一邊閱讀」能
夠讀得更快速。
速習法講求的目的並不是只有
「快速地閱讀」。
當然，只要理解速習法的訣竅，
並且加以不間斷地實踐、練習，
可以比現在閱讀的速度要加
快好幾倍。
不過，速習法的目的，終究還是
「確實了解書籍內容，牢記所學的
知識」。
與「一分鐘內能閱讀幾萬字」這
類以「速度」做為主要閱讀技巧的
方法不同，速習法不需要費心學習
如何讓眼球動作速度加快，或是練
習把文章全部圖像化。

眼球動作自然地變得靈活以後，
即使不用手指引導，也能讀得很快速。

讀到這裡，速習法的三大架構「蜻蜓點水式略讀」、「標靶式精讀」、「地毯式詳讀」都已解說完畢。

重點在於「要確實掌握目的，並依各種目的採取適合的閱讀方式」。如果只是一味地追求讀得飛快，試圖把書上的內容全都掃過一遍也不會有效果。

讀書需要講求方法，但要切記不要把讀書本身變成目的。

第4章　總結

- 學習「既有知識」較少的領域時，運用「蜻蜓點水式略讀」。
- 「蜻蜓點水式略讀」的訣竅是——一面思考小標題出現的原因，一面瀏覽內容。
- 想要針對部分內容深入了解時，要採取「標靶式精讀」。
- 「標靶式精讀」的訣竅是——「先預設問題，然後在內容中尋找答案」。
- 小說等富情節性的書籍，要採取「地毯式詳讀」。
- 「地毯式詳讀」的訣竅是——以手指或筆一邊引導一邊閱讀。
- 任何一種閱讀方法都要先進行「設定待機心理狀態」及「熱機」。

第5章

「速習法」是能
一二〇%活用記憶並牢記的技巧

・記憶的確認・牢記

1 短短四小時就忘了所學的一半

在第5章我將為各位介紹，如何運用速習法的技巧，使進入大腦的知識或訊息成為記憶，並且如何牢牢記住的方法。

只是讀了書把大量的訊息輸入腦子裡，也未必能夠成為「可使用的狀態」。

我費心研究了大腦記憶的機制，追根究柢尋求如何有效記憶的方法。得到的結論是有效記憶的關鍵在於**複習**和**輸出**。

「一個月內」不複習，記憶就會消失殆盡

東京大學的池谷裕二副教授在其著作《海馬迴》（朝日出版社）一書當中指出——

「如果一個月以內不複習就沒有效果」。

新的記憶先暫時經由大腦的「海馬迴」整理後，再儲存於「大腦皮質」。

「海馬迴」將進入的新記憶整合回饋後，**將必須記憶的訊息（大腦判定該訊息是重要的）傳送到「大腦皮質」**。換句話說，一旦海馬迴認定那不是重要的訊息，這個短期記憶就會被捨棄。

停留在「海馬迴」的訊息，最長只能維持「一個月」。

所以想要牢記的訊息，「一個月以內」必須複習，讓海馬迴作出「這是重要訊息」、「不能捨棄」的判斷。

池谷教授指出「為了使記憶牢固，一個月內必須複習四次」。

【複習的時機】

第一次複習……學習後隔天

第二次複習……學習日起算一星期後

第三次複習……學習日起算兩星期後

第四次複習……學習日起算一個月後

複習方法是——

「大致瀏覽一遍，只重新閱讀或回想重點」。

「檢視書籍的目錄，只重新閱讀或回想遺忘了的項目」。

「重新閱讀或回想記錄了內容重點的筆記」。

「告訴別人書本的內容」。

Point

「一個月內不複習，等於完全沒讀過。」

大腦只記憶「必要的訊息」

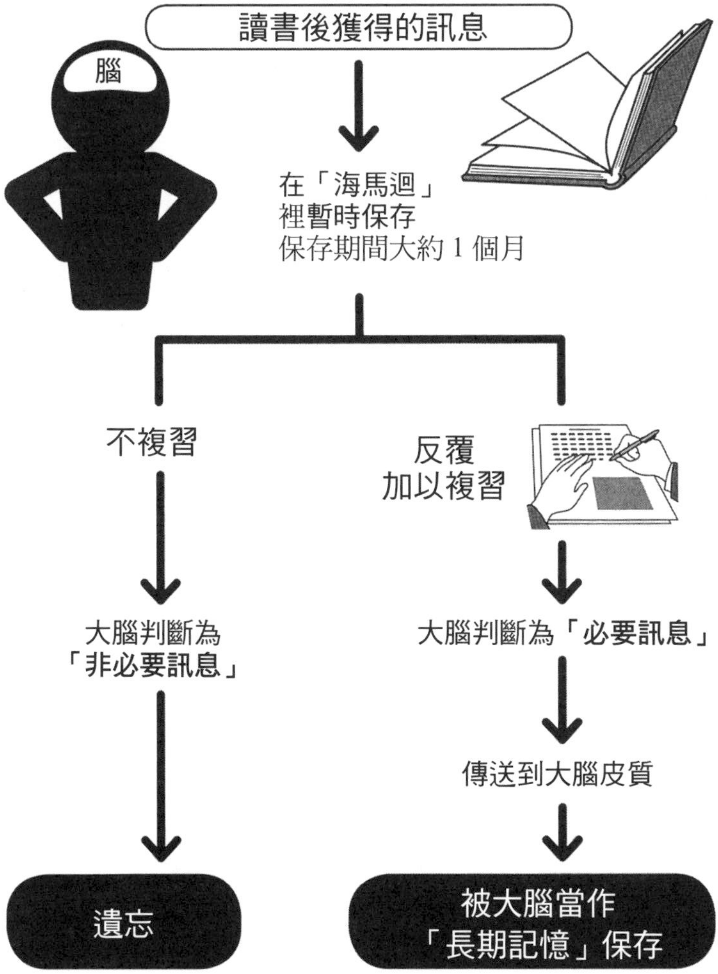
讀書後獲得的訊息
腦
在「海馬迴」
裡暫時保存
保存期間大約 1 個月
不複習
反覆
加以複習
大腦判斷為
「非必要訊息」
大腦判斷為「必要訊息」
傳送到大腦皮質
遺忘
被大腦當作
「長期記憶」保存

艾賓浩斯的「遺忘曲線」

我想很多人都知道，德國心理學家赫爾曼・艾賓浩斯（Hermann Ebbinghaus）曾主張「人類記憶隨著時間經過呈指數函數狀衰退」，而提出「遺忘曲線」理論。

「呈指數函數狀衰退」的說法可能難以理解，簡單說來，就是**「一度記住的訊息，也會隨著時間經過而遺忘（或是想不起來）」**。

赫爾曼・艾賓浩斯做了一個實驗，「讓受測者記住十個單字，遺忘的速度會是如何」。實驗結果發現——

四個小時後……遺忘的單字數：大約五個　記得的單字數：大約五個。

廿四小時後……遺忘的單字數：大約六、七個　記得的單字數：大約三、四個。

四十八小時後……遺忘的單字數：大約七、八個　記得的單字數：大約二、

艾賓浩斯的遺忘曲線

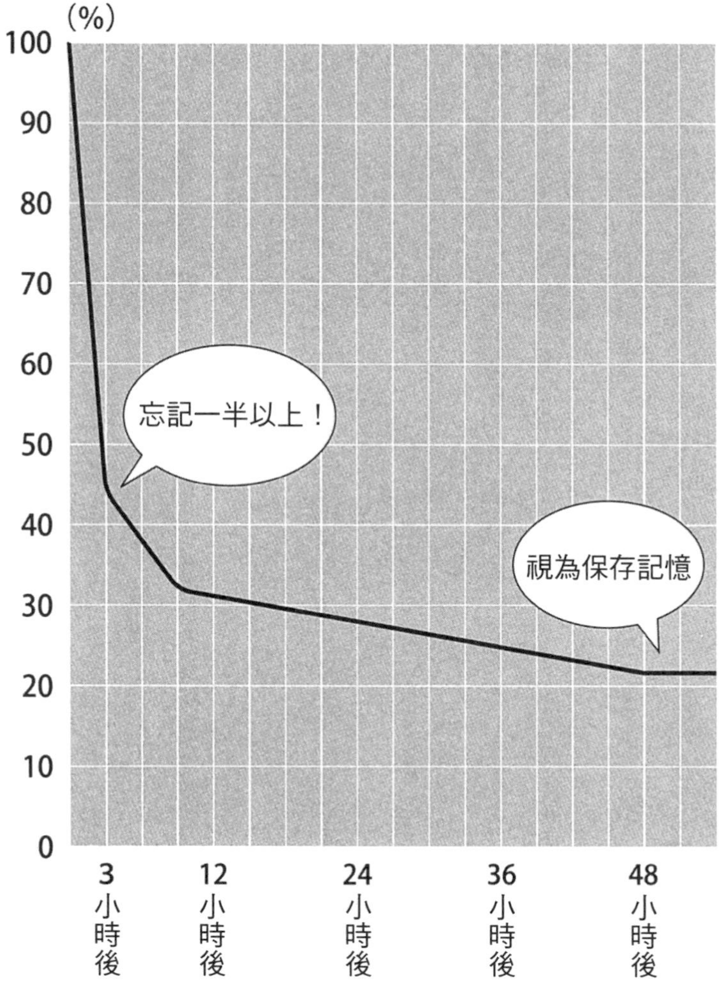
(%)
100
90
80
70
60
50
40
30
20
10
0
忘記一半以上！
視為保存記憶
3小時後
12小時後
24小時後
36小時後
48小時後

三個。

曾經記住的事，竟然在兩天內忘了七〇～八〇％。但是，我們同時也可以了解**「反覆加以複習的話，遺忘的速度會減慢」**。

根據實驗結果顯示，複習三次的話，「四個小時後還能夠記住八～九個單字，即使經過四十八小時，還能記得半數左右的單字」。

雖說是「遺忘」，不過一旦背過的單字，並非經過四十八小時後便完全從腦海消失得無影無蹤，只是**一時「想不起來」而已**。

所以，如果不斷加以複習，大腦就會判斷「這個單字很重要」、「要保持想得起來的狀態」，結果就不容易遺忘了。

Point

持續地「複習」，大腦就會了解該訊息的重要性。

為了回復記憶，需養成「宣告記憶」的習慣

我們已經知道由海馬迴判斷為「必要」的訊息，將會傳送到「大腦皮質」長期儲存訊息。

不過雖說是長期儲存，也不表示只要是必要的時刻，就能隨時提取訊息加以應用。

如果是電腦，只需用滑鼠點兩下，就能夠提取任何保存在硬碟或桌面的資料。相形之下，我們的大腦卻經常發生「明明記得的事情，卻怎麼也想不起來」的情況。

為了實際體會一下「明明記得的事情，卻怎麼也想不起來」的狀況，我們來練習一下「漢字測驗」。

【漢字測驗】

請在一分半鐘以內，寫出「十二個」以上「三點水」的漢字。

我在「速習講座」時，每次要求學員做這個練習，幾乎都沒有人能夠寫出十二個以上的漢字。學員之所以寫不出來，並不是因為「漢字認識得不夠多」，單純是因為在限制的時間內「想不起來」。

只要看看197頁下方的「解答例」應該就會明白，其中應該沒有「未見過的漢字」。所有漢字都是國小程度的漢字，**我們曾經學過，只要能夠在片刻間立即想得起來**，「寫出十二個以上」，照理說並不是那麼困難的事情。

明明認識一大堆「三點水」的漢字，卻無法在緊要關頭想起，這是由於我們通常對於學習過的內容、閱讀過的書籍，「**沒有確認過能夠回想出哪一些內容**」。

如果是為了準備筆試，試著「寫寫看」以確認內容是否真的牢記，不是比較好嗎？又比方說，可以念得出的英文單字，卻無法拼出正確的字母，或許也是因為沒有經過反覆的「書寫」練習所導致。

為了提升學習效果，向別人轉述讀過的內容、一再閱讀自己的筆記、把

「記憶」涵蓋「想得起來」的訊息

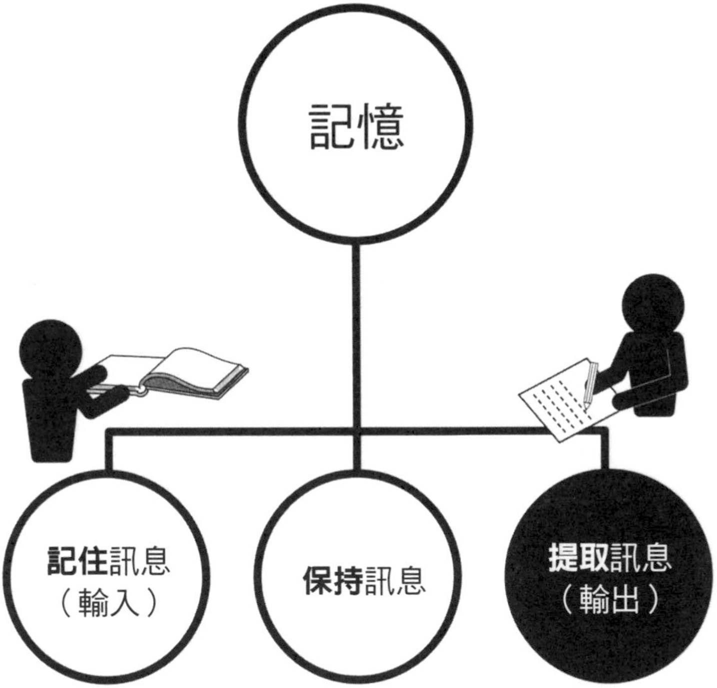

如果想不起來，
就不能算是「已經記
憶的知識」

三點水的漢字：解答例

海 池 清 湖 流 涼 泳 瀧 濱 河 沼 波 漢 潮 淚 漁
浴 洗 污 浮 沈 沖 泥 油 淺 消 滅 淵 深 淨 淘 泌

記住的漢字寫下來、接受測驗等的「複習」動作非常重要。**在速習法中將這個「複習」的動作稱之為「宣告式記憶」**。

蜻蜓點水式略讀或標靶式精讀的最後一個步驟，都是要求把理解的重點寫在筆記本上，這個「寫在筆記本上」的行為也是宣告式記憶的其中一種。

我們日本人天天看得到也用得到的「十圓硬幣」。大家也都知道日本十圓硬幣上畫著「平等院鳳凰堂」（位於京都宇治市．世界文化遺產之一）。

那麼，你是否能夠正確地描繪出十圓硬幣背面的圖案（平等院鳳凰堂）呢？有些人或許「勉勉強強畫得出」，然而大部分的人大概都會說「你突然這麼一說，還真畫不出呢！」

我們每天所使用的硬幣，「卻畫不出它的圖案」，這就是理解程度不夠的證明。若是曾經畫過一次（或曾經仔細在腦子裡回想過，十圓硬幣圖案的人）我想應該就能畫得出來。

「測驗題庫」就是能提升這種「複習」能力的工具。藉由回想、回溯的行為，將能強化腦部記憶。

Point

藉由回溯，來強化記憶力。

2 「腦袋」和「身體」同時記憶，比較容易回想起來

讓「形式知識」和「經驗知識」重複循環

出生於匈牙利布達佩斯的邁克・博藍尼博士（Michael Polanyi）說「知識可以區分為形式知識和經驗知識」。

所謂「形式知識」，指的是藉由讀書以及他人闡述所獲得的知識；所謂「經驗知識」，指的則是因為遭遇某些事件，從事件結果所獲得的知識。

我們在學習時，透過「形式知識」與「經驗知識」的交互影響，經由一再循環的過程中而累積起知識。

比方說，小孩子玩電視遊樂器時，很快地拿出新的遊戲光碟片、迅速地

設定好遊戲機，看也不看說明書就立即開始玩，這種行為屬於「經驗知識」。而當孩子無法順利進行遊戲時，他會研讀說明書或攻略秘笈，這就屬於「形式知識」了。先研究過攻略之後再次挑戰，就能提升「經驗知識」。

另一方面，由於成人通常行事比較謹慎，開始玩遊戲之前，會先瀏覽說明書，這屬於「形式知識」。當成人掌握了「實際的規則細節」之後，開始玩遊戲，就累積了「經驗知識」。要是仍然不順利，就會再次閱讀說明書。

無論先運用「形式知識」還是「經驗知識」都無妨，**重要的是必須讓「形式知識」及「經驗知識」產生良好的交互循環**。玩遊戲之後閱讀說明書，或是讀過說明書之後，實際玩玩看。**透過有意識地使用大腦和身體兩者**，就能更加深理解度。

有些人雖然ＴＯＥＩＣ分數很高，英語卻說不好，這是因為「經驗知識」不足。只要多和外國人接觸，製造對話的機會就會進步。

相對地，知道的語彙太少，只能藉由手勢等身體語言勉強和外國人進行交談的人，最好能增強「形式知識」。

將「形式知識」及「經驗知識」視為成套組合來思考是關鍵所在。

尤其為了明確知道自己究竟「做得到或是做不到」，此時「經驗知識」就會成為「客觀地評價」自我實力的線索。

舉例來說，像我只要一到高爾夫球練習場，就會請教練指導我練習。聽了教練的建議後（形式知識），會自己實際打打看（經驗知識），然後再由教練指點該修正的地方（形式知識），然後自己又試著再次揮桿（經驗知識）。

這就是透過「形式知識」及「經驗知識」的交互循環，以「腦袋」和「身體」學習「把球擊出到期望的打擊方向的擊球法」。

Point

不要只動腦，也要動動你的身體來學習。

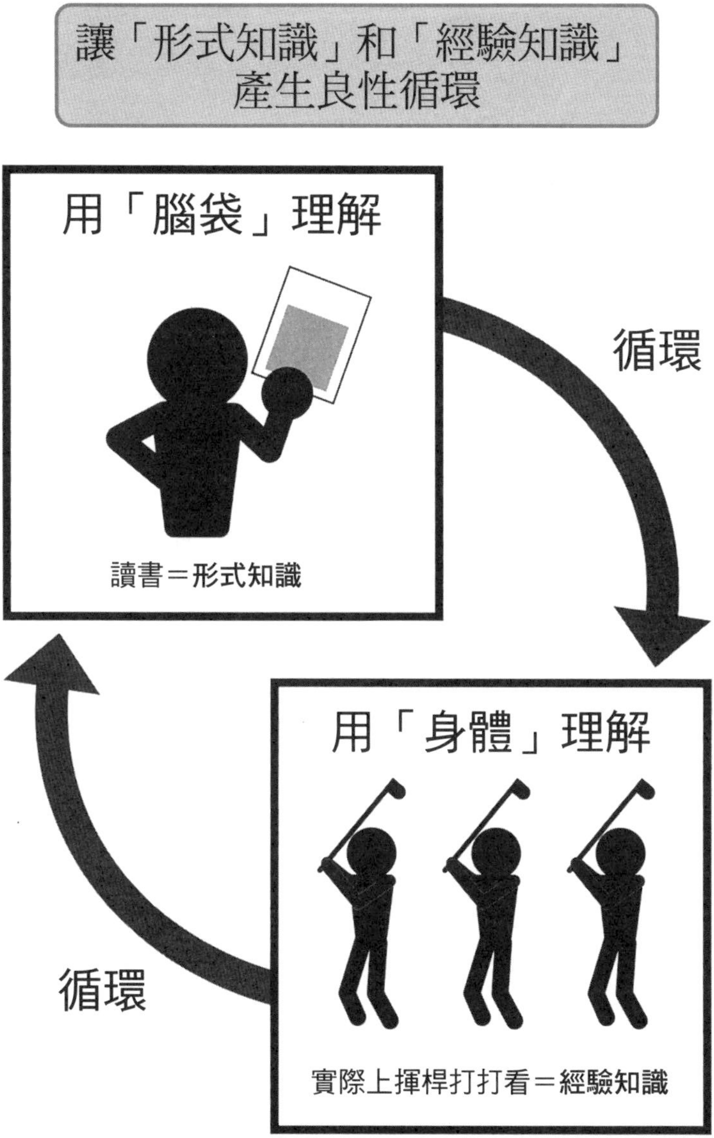
讓「形式知識」和「經驗知識」
產生良性循環
用「腦袋」理解
讀書＝形式知識
循環
用「身體」理解
實際上揮桿打打看＝經驗知識
循環

充分發揮「情節記憶」，記憶會更深刻

「我搭乘新幹線翻閱雜誌時，正好看到這個話題」。

「前天看的猜謎節目，碰巧出現同樣的問題，所以我就記住了」。

「這個英語單字的意思，是國中一年級時，父親教我認識的單字」。

「這句成語是我之前因感冒、身體不舒服的時候，強迫自己背下來」。

「這個英語單字是，我第一次出國旅行時，因為搞錯了發音，和外國人雞同鴨講的那個單字」。

知識，如果是「伴隨經驗而產生的記憶」，就比較不容易遺忘。這是因為人的大腦，會聯結「當時的狀況」，把所記憶的知識和影像、感情等一起停留在腦海。

而「奠基在個人經驗上的記憶」，就稱之為「情節記憶」。

「語意記憶」和「情節記憶」

語意記憶

所有人都共同具備「作為知識的記憶」。我們一般說「那個人記憶力很好」，所指的通常是「語意記憶」。

情節記憶

因為特定的時間、人、事件而產生的記憶。基於個人經驗而產生的記憶。

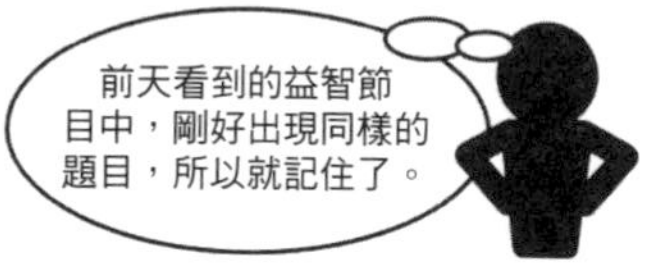
前天看到的益智節
目中，剛好出現同樣的
題目，所以就記住了。

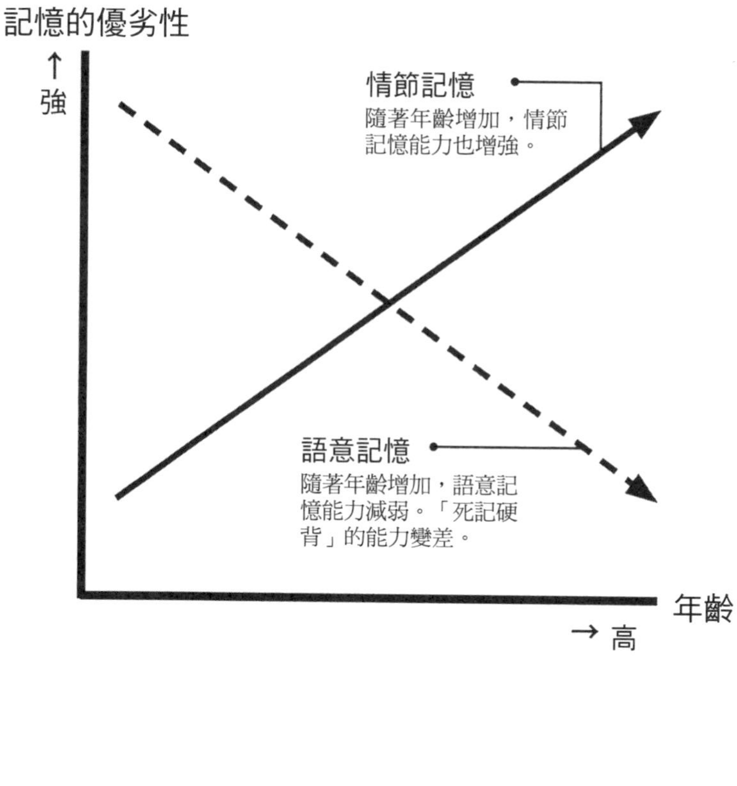
記憶的優劣性
↑
強
情節記憶
隨著年齡增加，情節記憶能力也增強。
語意記憶
隨著年齡增加，語意記憶能力減弱。「死記硬背」的能力變差。
年齡
→ 高

幼兒期或小學時期對語意記憶（以知識記憶的事），雖然比較占優勢，但相對地，情節記憶就會隨著年齡增長而漸居優勢。

由於年紀越大，背誦能力越差，所以成年人應盡量以「特定的人、場所、時間、發生的事情」相互聯結來記憶的方式，比較容易記得住。

Point

伴隨經驗而產生的記憶，比較不容易忘記。

3 分割閱讀「分散型讀書法」讓記憶更牢固

不需要一整頁全部閱讀

請回想一下學校的課程安排（時間分配）。

星期一有國語、數學、自然和社會，星期二是體育、國語、音樂、自然……等，一天之中學習了好幾種不同的科目。

任何一所學校都不可能將課程安排成星期一只上數學，星期二只上自然，星期三一整天只上社會。

德國的心理學家阿道夫．喬斯特（Adolph Jost）曾提出以下的學說：**「每天用功一小時持續十天的學習效果，比一天連續用功十個小時更好。另外，給予適度的學習間隔，學習將更快速」**。同時，他更在一九八七年發表了「喬斯特法則」。

學校的課程表不是一整天都只學同一科目，而是採取「分散」的方式，這正是基於「喬斯特法則」。

「速習法」也師法「喬斯特法則」原理，採取「分散式學習」。

「速習法」並不主張看書時按照前後順序，從第一頁讀到最後一頁。

而是——

「自己決定關鍵字，只讀關鍵字出現的內容」。

「一開始先讀目錄，理解書的大致內容」。

「事先設定問題，以尋找解答的方式進行閱讀」。

速習法將上述的學習方法，加以組合運用，**「分為幾次重覆閱讀（分散型讀書法）」**是基本原則。

由於「分散型讀書法」遵循記憶機制的閱讀方式，所以能夠收到以下的成效。

・通讀一次也無法完全理解，分成多次閱讀就容易理解。
・由於每次必須理解的內容量比較少，因此容易記住學習內容。
・由於書本反覆閱讀好幾次，記憶容易牢固深刻。

Point

一口氣讀一本書也會一口氣遺忘，不如分散地閱讀。

4 使「聽覺記憶」和「視覺記憶」聯結，以提高記憶力

不運用「視覺記憶」，印象就會減弱

比方說，必須背下「３１５２３４」這串數字時，各位會以什麼方式背下來呢？

有的人可能是出聲反覆背誦，有的人是在心中反覆背誦，不過，我認為利用數字諧音來記憶，比方說，「三義務（３１５）兒三思（２３４）」或是「三姨（３１）我愛紳士（５２３４）」等賦予意義來記憶的人，一定比較多。

而直接念出聲音，或是以腦內言語（在心中默念而未真正發出聲音）記

憶數字等方法，被稱作**仰賴「聽覺記憶」的記憶法**。

另外，也有人不使用腦內言語，而是以「影像」來記憶「31523 4」這串數字。記憶的方式是**「單純地盯著看」**而已。

擅長以這類方法來記憶的人，可以說他們的**「視覺記憶」能力較強**。我也經常運用「視覺記憶」。我的方法是，把數字「當作視覺暫留影像深烙在腦海中」的感覺。

光靠「聽覺記憶」或「視覺記憶」雖然都能夠達成記憶的目的，但兩者如果都能運用自如比較理想。

把幾種感覺聯結起來，透過「眼睛」、「聲音」或「言語」來攝取大量訊息的話，記憶力更能提升（聯結幾種感覺稱為「共感覺」，Synesthesia，是一種感覺混合的現象，聯感、聯覺、通感）。

一般而言，由於我們**較習慣使用「聽覺記憶」**，就算經由視覺進入的訊息，也會在腦子裡先內化成語言的形式，重新**置換成「聽覺記憶」**之後而記住。但如此一來，將使得「視覺記憶」能力減弱，所以在學習當中的空閒，不妨多加強「視覺記憶」的訓練。只要「視覺記憶」變強，也就能夠把訊息當作影像來記憶，也能夠鍛鍊「情節記憶」的能力。

Point

不光是以聲音來記憶，也要運用影像記憶。

鍛鍊「視覺記憶」的訓練

訓練視覺記憶的方法有很多

訓練①

「集中焦點的凝視訓練」

凝視某個點約 20 秒後，影像會產生殘留。
習慣之後，試著將該殘留影像塗上顏色。

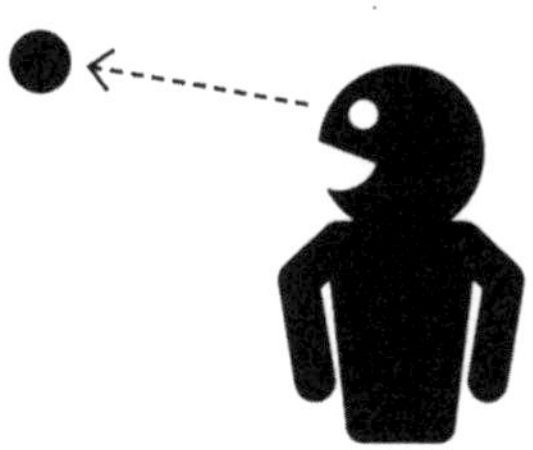

訓練②

「在白紙上畫個點，訓練空間感」

這是培養空間感的訓練。在一張白紙的正中央，用筆畫個「●」。重複幾次後，你的「經驗知識」會提高，就能在正確的位置上畫「●」了。

使用 B5 或 A4 大小，無任何圖案的白紙，試著用筆在正中央位置打一個點。

訓練③

「練習逆向書寫字母」

練習把自己的名字用英文字母反向寫寫看，比方說，我的名字「SONOYOSIHIRO」，逆向就變成 ORIHISOYONOS

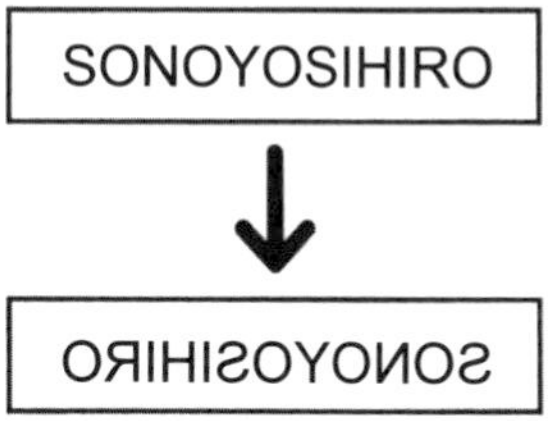
SONOYOSIHIRO
ORIHISOYONOS

從「既有知識」來「推論」，學習會更快速

當拿到新書的時候，要一面對照「既有知識」，一面進行「推論」。「這位作者有這樣的專業經歷，上次他出版了那種內容的書，這回想必寫了有關這個主題的內容吧」；又或者是作出類似「我對於這個主題，已經具備某個程度的知識，所以應當可以運用這樣的方式進行閱讀」的「推論」。

或者是，你曾有過正在看書時，內容出現「不了解其字意及字音的字」，但是從前後文可以「推斷」出「應該是這個意思」，於是能夠順利地進行閱讀。

我在說明「蜻蜓點水式略讀」的訣竅時，曾提到要「一面思考小標題出現的原因，一面進行閱讀」。事實上，**從小標題思考和本文之間的關聯性，這就是屬於一種「推論」**。透過「推論」可以幫助你迅速地閱讀。如果每當出現自己不了解的字詞時，就中斷閱讀去查詢，當然無法讀得很快速。

能夠進行「推論」的話，就能加快理解的速度。換句話說，讀書是需要「推論」能力的。

曾打過棒球的人第一次打高爾夫球時，會「推論」出「用球棒打擊時是往橫向揮棒，高爾夫球桿則是直向揮桿吧？」然後再實際嘗試擊球（經驗知識）。能夠推論出和棒球不同差異的人，應該比無法推論的人進步更快。

業務員在販售新產品時，也會有「如果是這個商品，應該能在醫院或學校大賣」的「推論」，而加以促銷。能推論和不能推論的人相較之下，想必是能夠推論的人的營業額才能夠大幅提升。

料理造型師（Food Coordinator）也是推論「這個食材配上那個食材，大概會變成這樣的味道」，然後構思出新菜單。

一般認為，進行「推論」時，必要的是「視覺記憶」。我想這是因為「視覺記憶」能力強的人，較容易喚起「既有知識」的關係。

原因在於，所謂「推論」，換句話說就是「發揮想像力」。

對視覺記憶加以訓練的話，就能強化「想像力」，「想像力」如果能運

用自如，就能夠輕易作出「推論」。因此學習速度自然能夠提升。

而且，當你擁有的既有知識越多，應當就能夠擬定各種不同的假設。

我們面對必須理解的事物時，通常總是**「喚醒自己擁有的既有知識，然後一再加以推論（想像），預測結果」。「因此，邊閱讀邊推論」**是非常重要的。

Point

邊建立假設邊閱讀，就能加快速度。

視覺記憶強就容易「推論」

新產品
運用「既有知識」推論「究竟是什麼樣的新產品？」
推論 1
應該附有音樂播放器等音樂功能吧。
推論 2
這一定是 A 公司下一波的新款。
喚醒「既有知識」的能力就是「想像力」。
推論 3
或許能有如電腦鍵盤操作般的功能。
一旦「視覺記憶」強，就具備以「影像」喚起「既有知識」的能力。

5 要背誦的話，用「聽的」效果比較好

搭配「意思」一起背誦

必須「死背」公式或條文時，用**「反覆聽幾次背起來」**的方式很有效果。把要背的內容錄音後反覆地聽，或是重複朗誦，能使「聽覺記憶」奏效。

想要在KTV記下歌詞時，與其邊看歌詞邊背，不如「多聽、多哼幾次想學的歌」還比較容易記得起來（尤其是「歌曲」，由於必須同時記住旋律、音階、歌詞等多重屬性，此時運用情節記憶，比較容易記得住）。

但是，如果必須死背的內容「不明白其中意義」時，就很難記得住。譬

如說想背誦「般若心經」時，在聽「般若心經」之前，先**了解一下「般若心經」寫的是什麼？「掌握概要」**之後，想必更容易牢牢記住。

不是單純只記住「聲音」和「符號」，要連「意義」也一起背下來。尤其是成年人，由於「情節記憶」的能力較強，盡可能和「各種屬性」聯結，再記憶比較有效率。

Point

死背從「聲音」和「意義」開始。

6 有效的「輸出」，將使「輸入」加速

接下來我要介紹的是有效率的輸出方法。

「透過教導他人，能獲致最佳的學習效果」。

這是古羅馬時代的哲學家塞內卡（Lucius Annaeus Seneca）曾說過的一句話，我覺得是極為一針見血的名言。

一旦輸入了，就要確實地輸出。

這是學習的鐵則。

不是看過一遍就結束，也要回顧

就像前面說明過的「三點水的漢字」及十圓硬幣的圖案，我們都有「明明知道，卻想不起來」的時候。

「想不起來」正是因為沒有做到**「反覆練習已知的知識」**（＝**宣告記憶**）。

當你面臨資格檢定或入學考試時，總會有筆試或口試，此時一定要做到「任何時候都能想起已知知識的狀態」。因此，我們應該要養成**「宣告記憶」的習慣**。

宣告記憶的方式，對提高「經驗知識」方面也很有效。

我說過**學習過程依據「形式知識」及「經驗知識」的交互循環而成立**。從書本上所獲得的知識，終究只是「形式知識」而已；所以應當「實際運用形式知識，並且去身體力行」來累積我們的「經驗知識」。

為了測試輸入大腦的知識究竟有多少能夠成為「可運用自如的知識」，可以接受測驗、試著解練習題或評量、或向別人轉述書中內容等「複習」的方式來得知。

Point

養成「回顧」的習慣。

有成果的人，「輸出」也不會馬虎

「速習講座」的學員們，有各種不同形式的記憶再輸出。

在學習中小企業經營顧問的學員向井公規說：「**練習測驗題庫，把不會的部分彙整在卡片上，一有空間便複習**」；「商管書籍、小說等則透過社群網路或在部落格發表讀書心得，只要留下記錄，對自己的成長就很有幫助」。

另外，通過「侍酒師檢定考試」的學員Y．I則表示：「專心致力於歷年的試題，徹底補強自己的弱點」，同時他也會「依照需要而以味覺記憶」。「用味覺記憶的輸出」，因為能夠使用「**共感覺**」，所以容易記憶深刻。

Point

尋找適合自己的「**輸出形式**」。

7 「向別人轉述」書的內容，就能提升學習效果

讀一小時書要輸出十五分鐘

前面說明了——

·養成「宣告記憶（複習）」習慣，就容易回想記住的知識。
·同時運用「腦」和「身體」來記憶，更容易隨時想得起來。

不是只「輸入」知識，也要時時「輸出」。不是只用「腦袋」記憶，也要用「身體」記憶。只要讓「經驗知識」和「形式知識」維持良性循環，學習效果就能提高。

因此，在「速習法講座」中，為了讓學員切身感受「宣告記憶」的重要性，我們會要求學員們**「花一小時讀書後，用十五分鐘說出內容」**。

一開始就能有「要向別人說明」的心理準備來讀書，應該能消除「讀的書完全都記不住」或「雖然有心好好地讀書，卻無法向他人說明書籍內容」等煩惱。

不是自己讀完一本書就算了，而是以「告訴某個人」做為結束，這樣做就能加強對書籍內容的了解。

藉由「與他人分享」來讀書，能夠獲得以下的效果。

・明確知道讀書的「目的」。

「讀了這本書後，我要告訴其他的人內容大綱」、「讀了NLP的書，我要告訴別人『在他人面前表達的技巧』」、「閱讀財務報表以後，我要告訴別人『看財務報表的訣竅』」等，由於「閱讀目的」很明確，因此就能更容易設定閱讀前的心理狀態。

・「告訴他人」的行為可以變成「經驗知識」。

光是閱讀只能累積「形式知識」，藉由「告訴他人」才能化為「經驗知識」，因此能使「形式知識」和「經驗知識」有良好的循環。

・能夠記錄摘要（為了表達而書寫草稿）。

為了發表十五分鐘的談話，就有必要把重點先整理記錄下來。因為要記錄摘要所以能夠彙整之前輸入的資訊。

・能夠練習掌握概要。

想說明數百頁內容的大綱，有必要確實掌握概要。藉由邊閱讀邊注意要點，就能夠練習如何掌握內容的概要（統整歸納）。

Point

能說明給別人聽，就是「充分理解」了。

在「一個月內」要向三個人轉述

能夠留在「海馬迴」的資訊，只有一個月的期限。

這一個月內被判斷為「不必要」的記憶，很可惜地將會被捨棄。

所以，要以東京大學的池谷裕二教授主張「**複習的時機**」為準則（參考190頁），在一個月以內向「三個人」（兩月四個人）轉述書籍的內容，可以說是不失為一個好方法。

我認為理想的複習時機如下：

第一次……閱讀的隔日發表。

第二次……讀完後起算一星期後發表。

第三次……讀完後起算兩星期後發表。

（第四次……讀完後起算一個月後發表）

如果能執行這個三次（或四次）的複習，大腦就會認定這是「必要的訊息」，也就容易長期記憶了。

如果沒有可以向別人轉述三次的機會時，可以在第一次時就把它**寫在部落格裡，或是以電子郵件發表**等方式也可以。最近也有為了輸出而進行的**讀書會**，利用像mixi（日本最大的社群網站）等社群網站來尋找交流機會也是很好的方式。

即使是反覆複習，運用速習法把書本內容輸入腦子裡，這樣都還不算完整。因為如果就這麼置之不理的話，記憶理所當然會被視為不必要而捨棄。把它寫在部落格、告訴他人等，進行輸出的作業，才能成為完全屬於你的記憶。

Point

按照「複習的時機」，一一進行輸出。

「向人轉述」複習卡

書名		
作者		
閱讀完畢日期		
第一次（隔天） 月 日	轉述對象	檢核
第二次（一星期後） 月 日	轉述對象	檢核
第三次（兩星期後） 月 日	轉述對象	檢核
第四次（一個月後） 月 日	轉述對象	檢核

製作如上的複習卡，可以加以仔細確認。

第5章　總結

●好不容易讀完的書，一個月內不複習幾乎會忘光光。

●為了提升學習效果，有必要「一個月內複習四次」。

●讓「形式知識」和「經驗知識」獲得良性循環來學習，能夠加深理解度。

●基於個人經驗而產生的記憶（情節記憶）能夠聯結的話，日後容易回想。

●成年人隨著年齡增長，越無法「死記硬背」。

●分成幾次閱讀書籍（分散型讀書法），更容易記憶內容。

●把書籍的內容「轉述給別人聽」（一個月三個人），更能增強學習效果。

結語

「能輕鬆閱讀的人」和「無法閱讀的人」在人生旅程上將產生極大的差異。

你或許會認為這是理所當然的，但是真正切身感受到其中差異的人並不多，不是嗎？

想要提高工作成效、期望能實現夢想、希望取得資格證照、通過考試等。

當你有這樣的憧憬，信步走到書店，那裡羅列著各個領域的翹楚所寫下的智慧結晶。

你不需要特別從零開始研究學習，也不需要支付龐大的金錢，只要花費幾千元，貴重的資訊就能手到擒來。只要加以收集閱讀，只需一天也可以擁有和專家匹敵的知識。

而大部分成功者都勤於閱讀，這是眾所周知的事實。

我想，當成功者心中湧現「我想成就某種偉業」的豪情壯志時，首先是藉由大量的書籍取得必要的情報，然後才付諸具體行動的。

如果只是懷抱著不確定的夢想，終究只會以妄想結束。不過，要是能夠把這個心情轉換為具體的行動，汲取確實的知識，夢想就會朝向現實邁進，並且開始順利地運轉。

人生可以隨時重來。

你一定也擁有幾個昔日希望實現卻未能實現的夢想。好比說，想成為運動選手、想當老師、想出版書籍、希望說一口流利的英文、冀盼事業成功、成為有錢人。

從現在開始，絕對不嫌太晚。

只要能夠依照本書所寫的「速習法」技巧加以運用，你就能一本接一本地輕鬆閱讀，那些幫助你自己實現夢想的必要書籍。

而且，書本上的知識能確實牢記在你的腦海中時，必要之際相信都能信手拈來，靈活運用。

不光是我，我的速習法學員之中有一次通過高難度的檢定考、創業經營有成、甚至出版著作的，總人數超過七十人。

各位讀者**只要稍微改變一下和書本相處的方式，人生就會截然不同！**

現在，已經明瞭「活化腦力的速習法」這項魔法的你，眼前有兩個選擇。

一個是「嗯——原來也有這種方式啊。」雖然了解卻完全不採取任何行動。另一項選擇是：就從現在起，立刻採取行動，跨出第一步。

「知道一件事」和「做到一件事」兩者有很大的差別，即使好不容易學到了方法，如果不實際做做看，就不會有任何改變。

還沒養成習慣前，或許會有不順利的時候。不過這不要緊，因為這並不是失敗，只是邁向成功的一個小小插曲而已。

只要照著這本書所提供的方式，在讀了幾本書後一定能掌握技巧。待讀了數十本以上時，你一定會感到非常地得心應手。

一年讀五百本書絕對不是一件困難的事。

想讀的書一本一本地讀完，儲存在腦子裡，建立自己的圖書館。

想要實踐自己曾經放棄的夢想，現在還為時不晚。

能夠實踐你夢想的知識，在書本中沉睡著。

所以，請你帶著尋寶的興奮心情，踏出第一步。

衷心祈盼你能實踐「速習法」，過著快樂的人生。

園善博

國家圖書館出版品預行編目資料

超速習法即戰力：啟動快速閱讀，深植長期記
憶 / 著；卓惠娟譯. -- 初版. --
新北市 ： 智富， 2017.06
面； 公分. --（風向；99）

ISBN 978-986-93697-4-9（平裝）

1.學習方法 2.速讀

521.1 106006626

風向 99

超速習法即戰力：啟動快速閱讀，深植長期記憶

作　　者／園善博
譯　　者／卓惠娟
主　　編／簡玉芬
責任編輯／陳文君
封面設計／鄧宜琨
出 版 者／智富出版有限公司
地　　址／（231）新北市新店區民生路 19 號 5 樓
電　　話／（02）2218-3277
傳　　真／（02）2218-3239（訂書專線）
（02）2218-7539
劃撥帳號／ 19816716
戶　　名／智富出版有限公司
世茂網站／ www.coolbooks.com.tw
排版製版／辰皓國際出版製作有限公司
印　　刷／世和印製企業有限公司
初版一刷／ 2017 年 6 月

I S B N ／ 978-986-93697-4-9
定　　價／ 260 元

ATAMA GA YOKUNARU MAHO NO SOKUSHU-HO

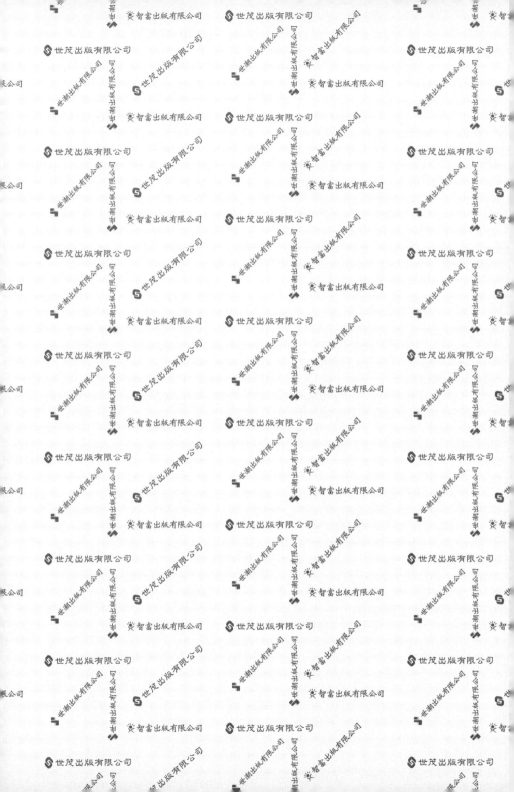